本册目录

二、章则办法

三、会议记录

二、章则办法

兵工署砲兵技術研究處駐漢辦事處辦事大綱

廿五年五月八日

（一）兵工署砲兵技術研究處（以下稱本處）駐漢辦事處（以下稱辦事處）其任務為整理漢陽砲廠機器試造新砲以及一切準備遷移工作在此時期中所有一切辦事手續與漢陽兵工廠（以下稱漢廠）行政息息相關非劃分權責恐滋混淆因明定大綱俾有遵守

（二）兵工署砲兵技術研究處駐漢辦事處主任暫由漢陽兵工廠廠長兼代綜理一切整理事宜

（三）在整理砲廠時期內所有員工服務規章及工廠管理方法概照漢廠向例辦理本處派赴漢陽砲廠工作員工應一律遵守

（四）整理時期所需員工應將其名數薪額列表送處備案

（五）在整理砲廠時期內凡修理機器及製造新砲所需材料及員工薪資由本處負担但與上項工作無關者歸漢廠負担

81

（六）購置材料除零星雜件可就地採購者委託漢廠購辦外其餘概由本處辦理

（七）整理時期内砲廠工作支配應以第一條所列任務為主體積極進行若漢廠遇有舊砲修理工作必須用砲廠專門機器者得在砲廠修理但其餘非必要者仍應由漢廠機器廠承修以免分散工力致礙進行

（八）整理砲廠時機件及其製造為砲廠所缺乏者如翻砂鍛工以及其他機件等得委託漢廠機器廠協助代製

（九）本處所派技術人員於砲廠整理製造範圍内認為應興應革事項而與漢廠有聯屬關係者得陳列意見理由商承漢廠廠長協助辦理之

（十）本處所派技術人員須將工作進行狀況於每週作一詳細報告分呈本處

12

009

及辦事處查考

(十一)整理砲廠工作進行中如需用砲廠以外機器者漢廠須予以充分便利而協助之

(十二)辦事處一切報銷委託漢廠廠長代為辦理

(十三)砲廠所有機器材料及一切設備認為將來在新廠中尚可利用者概須修理逐一登記以備充分利用而節國帑前項登記表應分送署廠處各一份以備存查

(十四)所有圖樣工具樣板及其他要件均須指定人員登記儲藏保管如有遺失應負賠償責任或予以相當處罰

(十五)本大綱為辦事處辦事原則如有未盡事宜得隨時修改之

(十六)本大綱由本處會同漢廠長呈　署核准之日施行

13

兵工署炮兵技术研究处任用调用职员暂行办法（一九三六年五月）

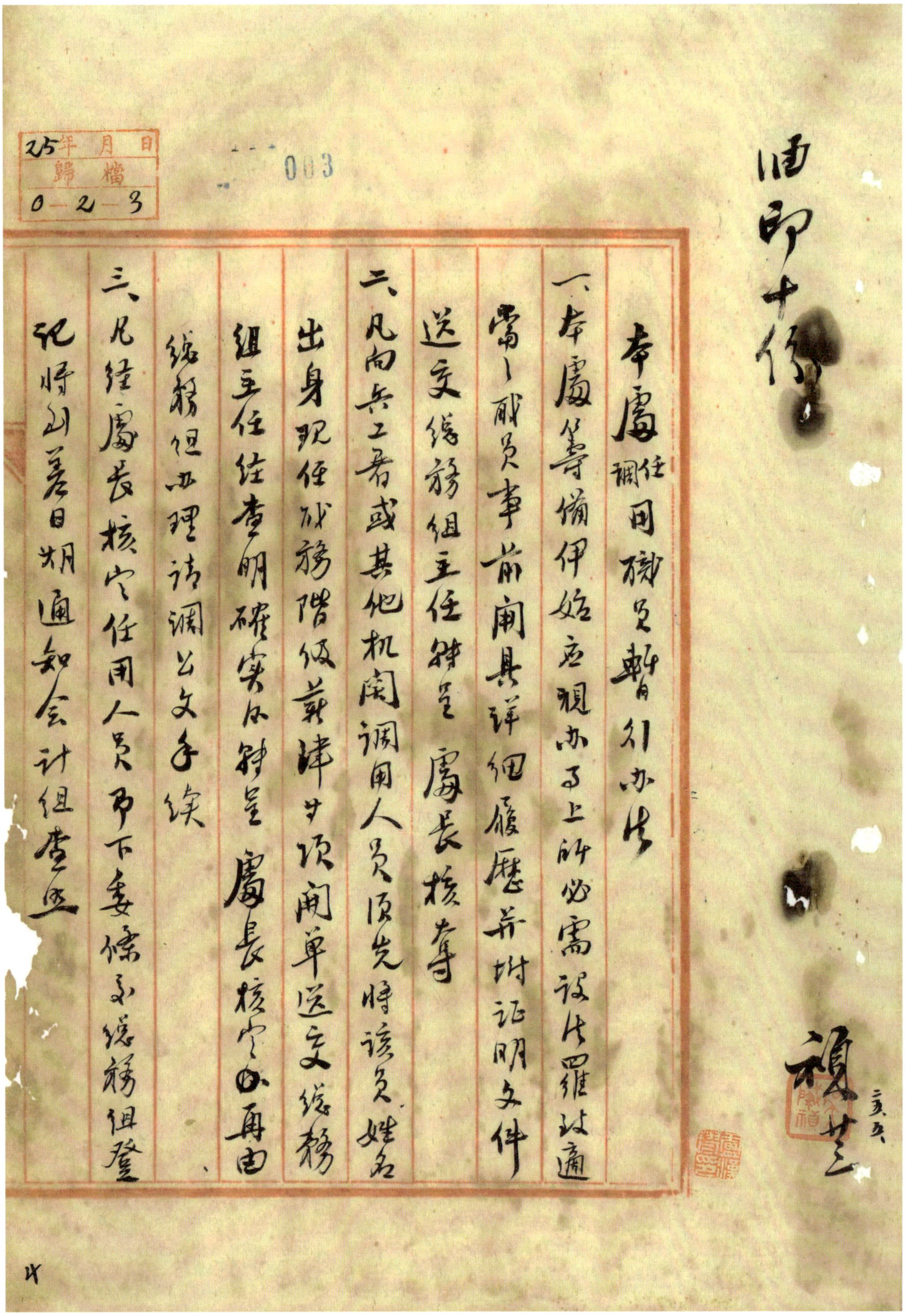
25年 月 日
歸檔
0—2—3

003

油印十份

本處任調用職員暫行辦法

一、本處籌備伊始，應視辦事上所必需，設法羅致適當人員，事前開具詳細履歷並附證明文件，送交總務組主任轉呈 處長核奪。

二、凡向兵工署或其他機關調用人員，須先將該員姓名、出身、現任職務階級、薪津等項開單送交總務組主任，經查明確實後轉呈 處長核定，再由總務組經辦理請調公文手續。

三、凡經處長核定任用人員，由下委條交總務組登記，將到差日期通知會計組查照。

復

四、凡已经到差之人员如自行辞职应候呈奉核准
后方得离职
五、凡离职人员应将经管事务交代清楚并由庶
务向离职人员收回所领证章

军政部兵工署炮兵技术研究处组织规程草案（一九三六年八月）

9—008

抗 八廿

軍政部兵工署礮兵技術研究處組織規程草案

第一條　本規程依據本處奉　准編制案制定之

第二條　本處設處長一人秉承　署長之命綜理全處事務并指揮監督所屬及各辦事處

第三條　本處分設總務，土木工程，工務，設計，會計，購置六組每組置主任一員及技術員辦事員書記司書等若干員各組主任承處長之命督率所屬職員等分掌各該組一切事務

第四條　本處設漢陽及株洲兩辦事處每處置主任一員技術員辦事員書記司書等若干員辦理各項事務

其餘技術員辦事員書記司書等由各組人員內酌調若干歸辦事處主任節制指揮辦理各項事務

38

8-1

第五條　本處設置警衛排一排置排長一員士兵若干名專司警備守衛任務

第六條　總務組職掌分列如左

一，關於章則條例之編擬事項

二，關於關防之鈐用及典守事項

三，關於呈核呈報請示備案請領報銷及其他文電之撰擬編譯及會議記錄事項

四，關於公文之收發分配繕校及檔案之保管事項

五，關於人事管理及職工福利事項

六，關於籌備工作統計圖表之製作事項

軍政部兵工署砲兵技術研究處

39

009

七，關於醫務診治給藥救護檢驗防疫及公共衛生事項

八，關於房地產業傢具保管處理以及文具用品之請領
購買事項

九，關於工役管理清潔消防及其他庶務事項

十，關於礦業林業園藝種植等管理及開發事項

十一，關於電信交通設備管理事項

十二，關於警備守衛及士兵訓練管理調遣勤務等事項

十三，關於現金出納保管登記銀行往來登記國內外匯兑
薪餉工資發放等事項

十四關於不屬於其他各組或交辦事項

170

第七條　土木工程組職掌分列如左

一、關於圖地測量立標建築土方石方事項

二、關於地盤設計事項

三、關於各種房屋建築工程之設計投標及繪圖監工審核事項

四、關於各種機器底座工程之建造事項

五、關於引水排水飲料用水設備工程之設計與建造事項

六、關於鐵路公路碼頭之設計及建造事項

七、關於河道溝渠整理工程事項

八、關於攷核土木工程工款事項

九、關於其他土木工程事項

軍政部兵工署砲兵技術研究處

第八條 工務組職掌分列如左

一、關於礮廠之整理修配舊機試造新礮及籌備建設事項

二、關於槍彈廠之整理修配舊機及籌備建設事項

三、關於礮彈廠之籌備建設事項

四、關於熔銅廠之籌備建設事項

五、關於機器廠之籌備建設事項

六、關於動力廠及輸電設備工程之籌備建設事項

七、關於木工廠之籌備建設事項

第九條 設計組職掌分列如左

10-1

一、關於兵器試驗室試驗各種兵器籌備事項
二、關於材料試驗室試驗各種材料籌備事項
三、關於各種兵器之設計事項
四、關於工具樣板製作等之設計事項
五、關於圖案之製作審查及保管事項
六、關於工廠電信設計事項

第十條　會計組職掌分列如左
一、關於帳目之處理及各種簿籍之編製并登記事項
二、關於記帳憑證之編製事項
三、關於收支憑單之核簽及帳册單據之審核事項

軍政部兵工署砲兵技術研究處

43

四，關於匯撥收付款項之查對事項
五，關於庫存及銀行往來之檢查事項
六，關於薪餉工資等表格之編製事項
七，關於經常臨時經費報銷表册之編製事項
八，關於預算決算及各種會計報表之編製事項
九，關於會計上各項統計圖表之編製事項
十，關於帳册書表憑證單據之保管事項

第十一條　購置組職掌分列如左
一，關於購置機器材料之詢價估價招標事項
二，關於購置機器材料價格貨樣品質之審核事項

44

11-1

三，關於購置合同及定貨單之擬訂事項

四，關於機料之交貨運輸支配事項

五，關於購置機料之登記及分類統計事項

六，關於購置機料之調查接洽及交涉等事項

七，關於購置合同定貨單及有關係之文書圖表等保管事項

第十二條　漢陽辦事處職掌分列如左

一，關於本處交辦之一切事項

二，關於整理時期內各項機器之修理登記及準備遷移事項

軍政部兵工署砲兵技術研究處

45

012

三，關於試造新礮及修理舊礮事項

四，關於員工之管理風紀及工人技藝之調查登記并訓練事項

五，關於人員工作進行狀況之報告事項

六，關於圖案工具樣板及其他要件之登記保管事項

七，關於材料之請領運輸及漢陽礮廠機器設備之保管事項

八，關於就地採購零星物料事項

九，關於辦事處款項出納保管登記報告及薪餉發放事項

46

12-1

第十三條 株州辦事處職掌分列如左

一、關於本處交辦之一切事項

二、關於基地原有建築物樹木之徵收保養及地價補償金拆遷費之發放事項

三、關於房屋建築工程監督事項

四、關於鐵路公路碼頭等設備工程監督及管理事項

五、關於開山墳土整理水道以及築基等工程監督事項

六、關於飲料給水等設備工程監督事項

七、關於調查附近礦業林業水質氣候地方情形等事項

八、關於與地方官廳及其他機關接洽事項

軍政部兵工署砲兵技術研究處

47

013

九，關於工程材料之請領運輸及保管事項

十，關於辦事處員工之管理及工作報告事項

十一，關於就地採購零星物料事項

十二，關於報告工程進行事項

十三，關於辦事處款項出納保管登記報告及薪餉發放事
項

十四，關於本處在株州當地電信設備之管理事項

十五，關於當地警備守衛事項

第十四條　本處另訂辦事規則呈奉　署長核准施行之

第十五條　本規程如有未盡事宜得呈准　署長修正之

48

13-1

第十六條　本規程自呈奉　署長核准之日施行

軍政部兵工署砲兵技術研究處

49

军政部兵工署炮兵技术研究处办事规则草案（一九三六年八月）

016

軍政部兵工署礮兵技術研究處辦事規則草案

第一章 總則

第一條 本規則依據本處組織規程第十五條之規定制定之

第二條 本處各項事務除別有規定外悉依本規則辦理之

第三條 本處對外各項公文悉以處長名義行之其有性質輕微或關於探詢機料價格之文書得由總務組或購置組主任之名義行之

第二章 權責

第四條 本處各組及各辦事處主任承處長之命指揮監督所屬處理各組處事務

50

16-1

第五條　文牘員承總務組主任之命處理文書及其他交辦事務

第六條　醫師承總務組主任之命督率司藥護士掌理醫務及救護及公共衛生等事務

第七條　出納員承總務組主任之命掌理現金出納帳册登記薪餉工資發放等事項

第八條　庶務員承總務組主任之命掌理用品公物之領購保管工役之訓練管理及其他庶務事項

第九條　辦事員書記司書等承主管長官之命分任事務

第十條　土木工程組技術員監工員繪圖員測量員等承組主任之命分掌各種建築工程之設計及監工繪圖測量等事

017

務

第十一條　工務組工程師工師技術員等承組主任之命分掌各廠之籌備建設工程等事務

第十二條　設計組技術員承組主任之命分掌各種兵器設計試驗及化驗材料審查製圖等事務

第十三條　會計員承會計組主任之命辦理一切會計事務

第十四條　購置員承購置組主任之命辦理一切購置事務

第十五條　警衛排排長承總務組主任之命指揮所屬士兵專司警備守衛任務

第三章　服務通則

52

17-1

第十六條　本處辦公時間遵奉　兵工署規定辦理除出差及請假外均按照規定時間到公退公不得遲到早退遇有緊要公務并得提前或延長之

簽到簿限於辦公時間開始後一刻鐘內呈送處長核閱

第十七條　各種休假日期悉遵　兵工署規定除有值星值日勤務者外一律循例休息但遇有特別要公仍得臨時召集辦理之

第十八條　本處職員承辦案件應嚴守祕密絕對不得向外洩露對內除因公接洽及研討外無論是否祕件不得引為談話資料

軍政部兵工署砲兵技術研究處

53

018

第十九條　本處各級職員處理事務得陳述意見於主管長官聽候採用

第二十條　本處所辦事務有互相關聯者由各主管長官會商辦理之其意見不同者應呈請處長核定之

第二十一條　各組辦理事件遇必要時應互相函達或通知

第四章　處理文書

第二十二條　本處一切文書之收發分配撰擬繕校監印檔案等均歸總務組處理并指定員司分任辦理之

第二十三條　分配各組承辦之案件應由各該主管組簽註意見送總務組辦稿後再送各該主管組或其他關係部份會簽後

54

18-1

再呈判繕發

第二十四條　收發文電應備左列簿册

收文簿　發文簿　收文分類簿　發文分類簿　簽呈簿　送文卷夾　送件簿　送稿簿　送檔簿　公文推動備查表

前項送文卷夾及送稿簿面以顏色區分之「密件」用黃色「速件」用紅色「重要」用藍色「尋常」用白色

第二十五條　收入公文電報由收發先行啓封摘由登記并按其性質分爲密件速件重要尋常等四種送請總務組主任查閱判分主管及關係組名後呈閱俟檢退後依次送主管組

軍政部兵工署砲兵技術研究處

019

簽註意見後即按第二十三條辦理

第二十六條 公文電報封面有「親啓」「密啓」「機密」「親譯」等字樣者收發不得啓封應即登記收文號數原封送請總務組主任轉呈

第二十七條 收入文電應填給收據如隨有送達簿或回單者即在原簿或原單上加蓋年月日時刻收到之戳記及經收人之名章其填給收據時亦同

公文隨有附件者應眼同送達人當面點明遇有不符即予退還收到公文附有款項票據者應即抽交出納員收帳

56

第二十八條　辦公時間外及星期日或休假日收入電報除有第二十六條規定之情形者外應由當值人員啓封如屬急要之件須專差送呈處長或請總務組主任核轉

第二十九條　發出文電應照收文辦法摘由登記并查驗收文機關名稱及本處關防印章日期文號等并無訛誤即予封發

第三十條　收到文電未印有封面者應加黏到文面紙亦須摘由登記

第三十一條　分送各組簽註意見之文件應隨時查閱公文推動備查表過日久未辦覆者應由主管人員陳明總務組主任催詢之

軍政部兵工署砲兵技術研究處

020

第三十二條　每一案件辦理完畢後應即連同附件以送檔簿檢送歸檔

第三十三條　承辦文稿以「速件」提前辦理其「重要」「尋常」之件應辦覆者隨到隨辦不得稍有積壓

擬稿人員應於稿紙封面相當欄內簽名蓋章其核稿會簽人員祗蓋章毋庸簽名

第三十四條　删改文稿添註字句應由删改添註者加蓋私章以明責任

第三十五條　文件繕寫後應送校對員校對并於正文及原稿分蓋名戳

58

第三十六條　校對文件時查有錯誤者應由校對員於改正字句加蓋校正戳記

發出文電於送印時應由監印員查對送稿簿事由相符及已經判行者方得鈐用關防官章并於文末加蓋監印名戳

第五章　保管文卷

第三十七條　文卷之管理應以分類歸納集中保管爲原則凡仝一事由之公文及其附件應按收發日期之先後依次編藏彙訂成卷

第三十八條　管理文卷應備左列簿表

軍政部兵工署砲兵技術研究處

20-1

案卷總簿　案卷細目表　案卷調閱單　案卷調出備查簿

第三十九條　文卷保管年限分爲四類如左

一，一年保存卷　關於尋常交際通訊等事件或確無保存之價值者屬之

二，三年保存卷　關於一時期處理之事件有留待查考之案卷屬之

三，十年保存卷　關於文書帳簿圖表等認爲足資數年後尚有留待參攷之必要者屬之

四，永久保存卷　關於章制法規掌故史料契約帳據可爲

6°

26-1

例規佐證之資料及各種設計書類重要圖表工作計劃會議紀錄人員名籍考績表册等認爲足資十年以上參攷者均屬之

但關於會計書類簿表之保存年限應遵照民國十八年十二月四日國民政府第一一六四號訓令辦理之

第四十條　前條文卷保管年限之計算以該案結束之翌年起算

第四十一條　文卷保存之年限由主管文書人員審定在稿面右上角標明保存年限之戳記判行後即爲決定

第四十二條　文稿經印發後除辦事上尚有留備查攷之必要者外應即送交管卷人員分別立卷歸檔負責保管

軍政部兵工署砲兵技術研究處

022

第四十三條　案卷須防霉濕蠹蝕及一切污損每年夏季至少曝晒一次

第四十四條　經過保存期限定爲廢棄之案卷應根據案卷細目表逐件檢出詳載案由彙列一表點明件數呈　署核示定期銷毀之其表仍保留備查但查有年限雖滿而其性質確有尚須保存參攷之價值者仍得延長保存年限留備查攷

前項規定之辦法於每年整理案卷後舉行之

第四十五條　機密書類之保管平時應收藏於堅固有鎖之箱櫃中

第四十六條　案卷之編藏檢取調閱等詳細辦法另定之

62

22-1

第四十七條　關於非常時期重要文卷圖籍處置辦法另定之

第六章　典禮

第四十八條　本處應舉行之各種典禮及儀式悉遵　兵工署規定辦理之

第四十九條　本處舉行各種典禮及　總理紀念週等均由處長主席如處長不克出席時得隨時指定其他職員代表主席

第七章　會議

第五十條　本處爲徵集意見整飭處務起見由處長隨時召集處務會議以處長各組主任及其他職員組織之

第五十一條　本處各組爲集思廣益增進工作效率起見得由組主任

軍政部兵工署砲兵技術研究處

63

023

隨時召集局部會議其列席人員臨時指定之

第五十二條　前條之規定漢陽及株洲兩辦事處準用之

第八章　出納庶務

第五十三條　出納員掌理現金應備左列簿表

現金出納登記簿　銀行往來登記簿　現金結存日報

表　領據簿　收據簿　月報表

前項簿表之格式應由出納員會同會計組編製之

第五十四條　關於現金出納保管及經費之承領轉發薪餉發放登記

帳册等事項均由出納員負責辦理之

第五十五條　出納員對於一切款項之收付手續應依照本處收支程

64

23-1

序之規定辦理

前項收支程序另定之

第五十六條　辦理庶務事項應備左列簿册單表

物品登記簿　財產登記簿　財產目錄　財產增減表

備用金簿　庶務清單　領物憑單　傢具佈置單

請求購置單

第五十七條　各組需用之物品須塡具領物單向庶務領用其爲庶務

所未備者應按照請求購置單手續請求購辦

第五十八條　庶務員經管之備用金以三百元爲限備作零星雜支週

轉之用備用金用去三分之二時應即開列清單連同全

部付款憑據送經總務組主任查核後轉送會計組審核方得補足原定叁百元額數

第五十九條　本處公物傢具應逐一編號誌明存放處所列表登記遇有損壞應查明修理其毀損已不堪用者隨時註明以備查核報銷

第六十條　公役之雇用訓練管理調遣由庶務員負責辦理

第六十一條　庶務對於左列事務應隨時督率公役認真服務

一、電燈自來水燃料之節用事項

二、辦公處所內外衛生清潔事項

三、消防設備及緊急處置之注意事項

四，廢棄字紙之監視焚化事項

第九章　人事管理

第六十二條　關於職員之任免升調銓敘考勤奬懲保證及員工恤養儲蓄保險等事項由總務組秉承處長分別辦理之

第十章　醫務

第六十三條　公共衛生之設施及傳染疾病之預防與訓練護士及救護等事項應由醫師負責辦理

第六十四條　員工兵役之體格檢驗事務由總務組隨時通知醫師辦理其單式另定之

第六十五條　員工兵役患有疾病應行醫治者應由主管組向總務組

28-1

025

檢取請診書轉給患病人持交醫師診治其格式另定之

第六十六條 司藥發給藥劑應以醫師診斷書爲憑其覆診領藥者原方須經醫師簽字方得給藥

第十一章 請假

第六十七條 本處職員之請假除依 兵工署規定辦理外並依本章之規定辦理之但各級長官臨時仍有伸縮准駁之權

第六十八條 各組各辦事處主任對於所屬人員事病假之准假權暫定爲二日二日以上者請假書應送由總務組主任轉呈處長核准之

員工兵役因病請假在一日以上者須連同醫師證明書

68

25-1

呈核

第六十九條　各組各辦事處主任之事病假應具請假書呈由處長核
准之

第七十條　各組請假書應由總務組收存每屆月終造具請假月報
表呈處長核閱

第七十一條　職員請假奉批派員暫代者須將其經辦未完事件及應
用鑰匙等逐一點交代理人接收

第十二章　值星值日

第七十二條　本處之值星值日除有特別情形另訂暫行規則外其餘
各種通則悉遵　兵工署規定辦理之

軍政部兵工署砲兵技術研究處

69

026

第十三章 警衛

第七十三條 本處警衛事務由總務組督率處理之

第七十四條 對於來處訪問之來賓由傳達交填訪問單先引至招待室即將來賓訪問單通報如允接晤再導至會客室不得逕直導至各辦公室

第七十五條 接待來賓應有相當禮貌不得故意攔阻但遇有形迹可疑者須先行報告庶務轉呈總務組主任核辦

第七十六條 本處警衛對於出入門口遇有攜帶形迹可疑之物品得施以盤查如查有疑點應即報告總務組主任或值日官處置

70

26-1

第七十七條　警衛人等之服務除本章規定外得依軍隊內務規則第十三章風紀衛兵之規定辦理之

第十四章　附則

第七十八條　本處各組及辦事處得分別自行規定辦事細則呈由處長核准施行之

第七十九條　本規則如有未盡事宜得隨時呈請修正之

第八十條　本規則自呈奉　署長核准之日施行

軍政部兵工署砲兵技術研究處

71

兵工署炮兵技术研究处购料程序草案（一九三六年）

本處購料程序草案　　年　月　日

一：凡本處關於購置各種機件材料之手續均按本程序草案辦理之

二：購置各項機料應由請購部分填具機料請購單呈請　處長核定之該項請購單對於左列兩點應詳細填註

甲・品名用途式樣數量詳細說明估計單價交貨期限地點以及其他各項情形

乙・特定規格圖樣程式單或樣品

三：經　處長核定之請購單發交購置組向三家以上之中外商號探詢價格索取圖樣說明書或樣品於收到估價單樣品或

28-1

圖樣説明書後卽編製比較表會同請購部分審核價格品質
及技術條件擬具定貨單連同比較表送交總務組

四：總務組收到草合同後查核價值凡在五萬元以下者先與會
計組會商款項應由何項開支再呈　處長核定後由總務組
通知購置會計兩組查照每隔三个月須造具表册彙報上級
機關備案

五：總務組審核草合同價值在五萬元以上者先呈　處長核定
後卽辦稿將用途品名數量價值標本圖樣説明書估價單及
定貨條件等各四份并申述理由呈請上級機關核准後卽行
通知購置會計兩組查照

軍政部兵工署砲兵技術研究處

46

030

六：購置組接到核准通知後即繕正式合同貳份呈請　處長簽
核與商號簽訂後交總務組蓋用關防

七：購置組俟合同簽訂後即填付款通知單送會計組

八：會計組核簽後按照收支程序付款並由總務組填付款回單
交購置組存卷

九：貨到前應由購置組填具請發護照單運輸說明書交總務組
備文呈請兵工署製造司核辦

十：總務組收到護照運輸單後送交購置組辦理

十一：承辦商號交貨時由購料組填驗收通知單通知總務組

十二：總務組接到驗收通知單即辦文稿呈請上級機關派員會同

47

請購部分驗收後填給驗收證明書送交購置組由購置組通知總務組付款

十三：購置組應將每月購置械料統計分類呈報

十四：本處向國外購辦之械料得援兵工署成例委託駐德商務專員辦公處辦理之

十五：各項通知定貨驗收付款單式另訂之

十六：本草案如有未盡事宜得呈請 處長隨時修正之

軍政部兵工署砲兵技術研究處

兵工署炮兵技术研究处符号暂定使用规则（一九三八年一月）

002

油印分發各部隊各營造廠
各處各組 一、十六

一、十五

本處符號暫定使用規則 二十七年一月 日

一、本處各種符號暫行規定如左

1. 本處士兵公役符號（白色）
2. 本處槍彈廠工人及廠夫符號（黃色）
3. 本處工程隊工人符號（白色）
4. 各營造廠之臨時工證（藍色）
5. 出入證（紅色）
6. 特種通行證（白色）佩左手臂上
7. 特別通行證（黃色）佩左手臂上

二、本處各種符號之領取均須呈請總務主任核准交處

擬 鎔

砲	字第	號	附件
廠文字號	字第	號	
歸檔	27年	1月	12日
卷號	0	—2	—3（11）

2-1

務股填發並由請領人親自蓋章具領

三、各營造廠請領工人證可由請領人蓋章負責代領

轉發（小包商同）

四、凡來賓及臨時工人無長時間需要者概不得請領符

號另發通行條以便出入

五、同行條有不限一人者應由率領人會同時出入不得或先

或後

六、各種符號概不得冒名頂借並各適用於一定之場所不

得互相混淆

七、符號應佩掛於右胸之前上方以資明顯

軍政部兵工署砲兵技術研究處

八、出入證自上午六時至下午十時可隨時准予出入

九、晚間十時後上午六時前有緊急事務須外出者須領特種通行證方得通行

十、在某種特定場所以內雖領有出入證仍不准予以通行，其必須通行者另發特別通行證

十一、本處各種工人如有違背本規則之情事發生應依左列之規定予以相當之懲處

1. 遺失紅色出入證者處罰金三元
2. 遺失藍色臨時工證者處罰金二元
3. 遺失黃色符號者罰工資~~百分之十~~兩工並記過一次

31

十一、遺失白色符號者罰工資~~百分之五十~~〔兩工〕並記過一次

5、遺失白色特種通行證者處罰金五元

6、遺失黃色特別通行証者處罰金五元

十二、本規則如遇不適用之時得臨時修訂之

軍政部兵工署砲兵技術研究處

兵工署炮兵技术研究处为检送防空规则及空袭时应注意事项致下属各部门及相关单位的通知（一九三八年四月四日）

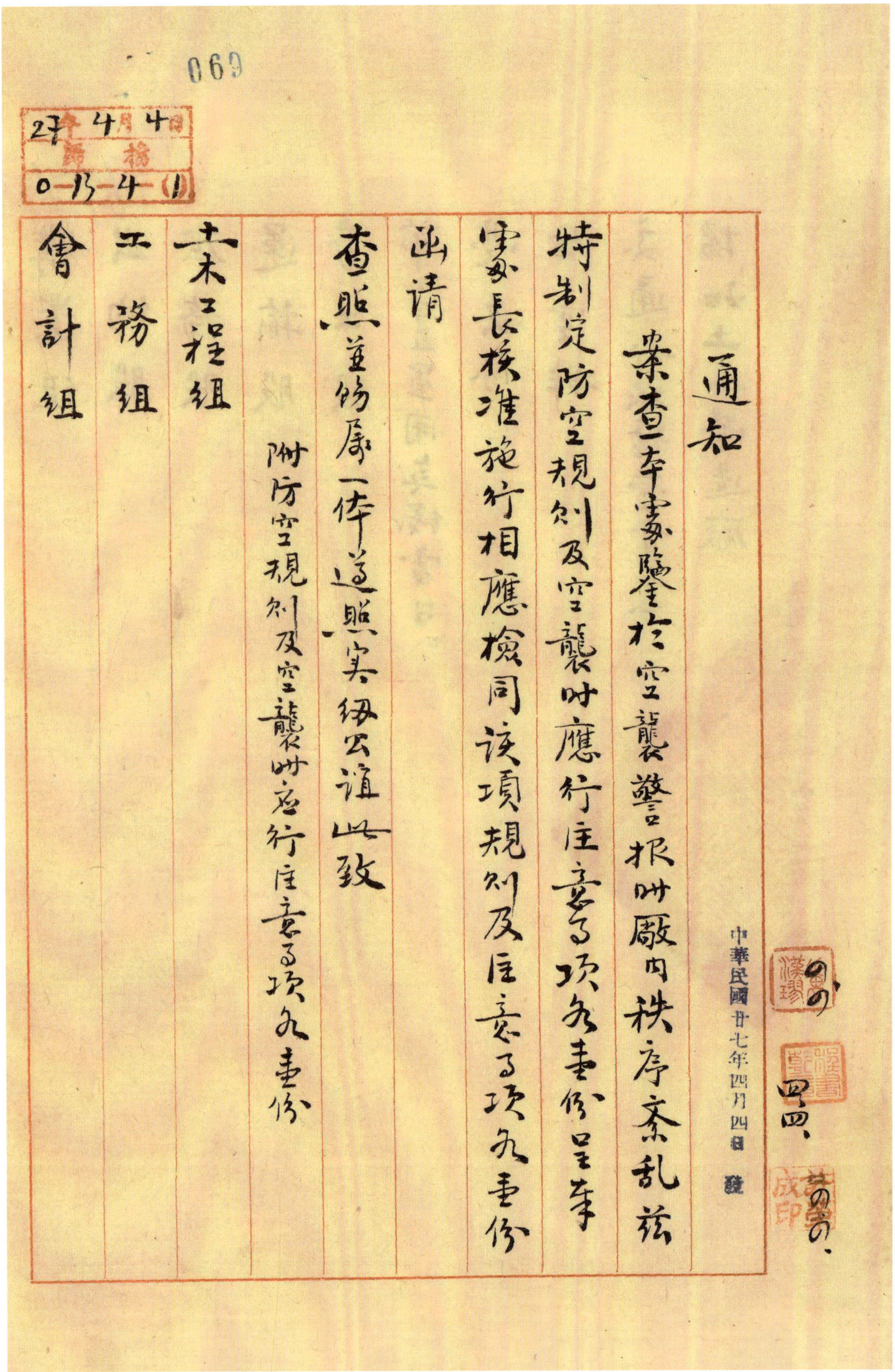
069

27 4月4日

0-13-4 (1)

通知

案查本處鑒於空襲警報時廠內秩序紊亂，茲特制定防空規則及空襲時應行注意事項各一份，呈奉處長核准施行，相應檢同該項規則及注意事項各一份函請查照，並飭屬一體遵照實施為荷。此致

附防空規則及空襲時應行注意事項各一份

土木工程組

工務組

會計組

中華民國廿七年四月四日 發

69-1

購置組
出納股
庶務股
運輸股
勞工股
第三十五軍用無線電台
學兵隊
防空排
交通部根据营業處
協和土木營造廠

鞏廠办事處
新亨營造廠
成安建築行
閻記建築公司
慎記建築公司
建興建築公司
利達公司
新生商店

71

軍政部兵工署砲兵技術研究處防空規則

二十七年三月重訂

第一条　警報以鈴聲傳遞之其方法規定如附表

第二条　聞空襲警報時應即將重要圖表案卷及其他重要物件移入山洞及其他隱蔽處所

第三条　聞緊急警報時駐防部隊應立即施行交通管制非負有防空任務者應即避入山洞及隱蔽處所如有行動者警戒哨及工廠管理員須立予制止

第四条　聞解除警報後應即恢復工作

第五条　空襲警報時所晒之衣服被褥等應即收去着白色衣褲者應即避入山洞或隱蔽之處

第六条　聞警報時凡工作工具之可隨身攜帶者各工人應攜帶並隱藏之處藏於箱內或收拾妥當並以將箱蓋上封於最後凡之工具應

71-1

藏匿

第七条　警报一发应速将载重汽车开至隐蔽地点并将车上灯火关熄

第八条　闻警报时应立即停止炊爨并停止使用一切机器或炉子

第九条　夜间遇有空袭警报或飞机声响时凡办公处所及宿舍之灯火须即速熄灭并禁止使用电筒如因特殊原因必须点灯或使用电筒时应用黑布严密遮蔽

第十条　本规则各项规定厂区范围内无论何人均应遵守违者如係本厂职员送厂惩处非本厂职员由本厂按情节轻重处十元以上百元以下之罚金如故意援敌目标踪迹汉奸者由本厂扭送地方机关法办

第十一条　本规则如有未尽事宜得随时呈请修改之

第十二条　本规则自奉准之日施行

一

71-乙

遇有空襲警報时應注意之事項举要如左

一、警報以鐘声傳遞之，鐘声規定另列于后

二、聞空襲警報鐘声时應速找足隱蔽地点分散避藏（已有地下室或山洞及防空壕之處即應避入）

三、聞緊急警報时應停止行動，如行動者，警戒哨及工場負責管理人應立予制止

四、聞解除警報时即應恢復工作

五、空襲警報时晒晾之衣服被褥等急須收去，着白色衣褲之人務須避入山洞或室内或借他人青黑色之衣服加披其上，伏在隱蔽之處

六、遇敵机用机槍掃射時切不可向外乱跑，以敵机用机槍掃射係偵察工作，如無動静未必投弹，若見有人行動必將投弹，此事極関重要，萬勿輕忽

七、遇敵机投弹时将身体伏卧地上可減少危險

八、闻警报时还工作工具之可随身携带者各工人应携至隐蔽之处藏于草内或收拾妥放一处将草盖上切勿杂置满地对于发光之工具尤应藏匿

九、警报一发工厂应速将载重汽车开至隐蔽地点车头之灯泡亟须将黑布罩上

十、若敌机投下燃烧弹时切忌用水扑灭如用水者不但不能灭火反将增强燃烧爆炸损失更大惟有将泥包向燃烧地点掷盖方可扑灭

十一、闻警报时应立停止炊爨以免火烟冒外被敌机发现

十二、如在夜间遇有空袭警报时或闻飞机声音凡办公厅所及宿舍之灯火须即速熄灭尤不可使电筒放光如有在空袭时擅开电筒者务须查究办

军政部兵工署炮兵技术研究处驻渝办事处办事规则大纲（一九三八年五月十一日）

27年5月12日

歸檔

014

軍政部兵工署砲兵技術研究處駐渝辦事處辦事規則大綱 廿七年五月十一日核准

第一條 本處現以奉 令遷渝為謀各項建設工程進行便捷起見特先成立駐渝辦事處（以下簡稱辦事處）秉承本處命令辦理左擬任務

第二條 辦事處置主任一人綜理處務由本處於職員中遴派充其處員無定額得視事實需要由本處於各組職員中臨時調充或經辦事處主任之呈請隨時調派概受辦事處主任之指揮監督

第三條 辦事處主任得呈奉本處之核准後酌用臨時人員

第四條 辦事處掌理左列各事項

一、關於廠地勘測編制圖表及廠房建築監督施工等事項

二、關於碼頭道路橋樑涵洞之籌畫修造等事項

421

三、关于机器材料搬运保管等事项
四、关于收用屋地勘测购置等事项
五、关于会计帐目款项出纳暨记报销等事项
六、关于考核工款等事项
七、关于工程材料器物文具清缴保管事项
八、关于机器安装等事项
九、关于与厂地官厅或其他机关接洽等事项
十、关于本处前项未及办事项
第五条 本处所有职员关于工作进行有所报告建议时应呈由主任核
转之

军政部兵工署砲兵技術研究處

第六條 本處因處理公務上之便利關於尋常事件得以本處名義兼用木戳及小章對外發表公文出電其責任由主任負之

第七條 本處一切員工人等對于工作情形對外絕對保守秘密否則以洩漏軍機論

第八條 本處所需用之物料除零星雜件得以當地採購較為經濟者外其餘物料應於事前呈請本處核發之

第九條 所有各部份本處手續除另有規定者外應參照本處向章慎重辦理以利審核而杜流弊

第十條 油方廠坑範圍除有特別許可者外凡外界參觀攝影測繪等均應予禁止其山林樹木可資掩蔽者並應嚴禁砍伐

45-1

第十一條 办事处每月应作如左之报告（材料库）

一、關於工程進行事項

二、關於現金出納結存事項

三、關於購置各種物料事項

四、關於員工請假缺勤事項

五、關於氣候變化濕度温度等事項

第十三條 办事处員工薪餉名額，按月列表呈報本廠備核，並由本廠薪餉依照本廠規定辦法每年月在所需之全部金額撥付，月終彙報再行呈請核發

第十二條 办事处一切費用開支由本廠酌發週轉金，凡金錢支付達本處規定之數時應按月結核實報銷，所有實支數經本處核准後再撥補足之

第十四條 本規則如有未盡事宜，得由办事处呈請修改之

第十五條 本規則自本廠（廠長）核准之日施行

軍政部兵工署砲兵技術研究處

43

军政部兵工署炮兵技术研究处运输大队办事规则大纲（一九三八年五月十二日）

速件

軍政部兵工署砲兵技術研究處運輸大隊辦事規則大綱 廿七年五月十二日核准

第一條 本處現以奉令遷移為謀運輸全部機器材料之安全迅速起見特組織運輸大隊負專責辦理一切運輸事項

第二條 運輸大隊由本處處長直接指揮之

第三條 運輸大隊置大隊長一員由本處處長就本處職員中遴選派充秉承處長命令督率所屬員兵伕役擔任一切運輸事務

第四條 運輸大隊職員隨時向各經理人員中調充俟遷移竣事仍各回原組服務

第五條 運輸大隊掌理左列各種事項

一、關於運輸路線及運輸方法之籌畫辦理等事項

二、關於接洽請撥車輛船及租用民船隻並其調度等事項

271

三、関於自用運輸卡車汽油船木船駁船之管理及調配等事項
四、関於指揮汽車伕役搬運裝卸機器材料等事項
五、関於車站月台碼頭運貨棧房之整理及堆存該處倉庫之看護守衛等事項
六、関於運輸器具之使用及保養等事項
七、関於運費及伕力之調查估價詢價及費用請領支付等事項
八、関於運輸單據表格之編製登記及運輸文件之辦理等事項
九、関於機器材料起運到達之報告等事項
十、関於其他一切交辦等事項
第六條　運輸大隊在本廠之車站、柳州南站、柳州碼頭及漢口、宜昌、重慶等地得視事務繁簡酌量派駐運輸負責人員負責專辦

軍政部兵工署砲兵技術研究處

第七條　所有押運人員得由運輸大隊參謀長官之核准隨時向各組抽調用由任派之

第八條　押運應由甲方兵工署視事實上需要隨時請准調派之

第九條　機件在運輸程途中由押運人員負保衛責任其押運隨行之兵弁應受押運人員之節制指揮

第十條　所有辦理運輸及押運人員對於機件運輸上一切事務對外絕對嚴守秘密不得以任何藉口無論對於機件起運日期到達運輸詳情經過地點知悉運輸時間應隨時隨地派定人員嚴密看護保管并予相當建築以策安全倘有疏虞除天災事變人力不可抵抗其外對於負責人員均依法嚴予懲處

第十一條　本規則未盡事宜得隨時修正之

281

第十二條　本規則嗣自本處核准後實行

總務組　五、十二

工程組　五、十三

工務組　五、十二

會計組　五、十二

購置組　五、十二

處長　五、十二

軍政部兵工署砲兵技術研究處

軍政部兵工署砲兵技術研究處董家堠留守處規則

留守事宜

（一）留守人員

（甲）農林室　沈銘純　金仲賢及農夫十二名

（乙）表理室　韓雨亭　睦志勳　及公役二名

（丙）蔣瑞　及青工五名　工程隊十五名

以下警衛隊長　及警衛士兵二十四名

為留守主任負全部保管之責

（二）駐守地點

（甲）以嶺上屋為辦公廳　警衛工務人員駐嶺上屋　~~沈銘純率農夫數名駐嶺上屋~~

（乙）留守職員駐云灣里新屋

（丙）沈銘純率農夫數名駐范家壋

（丁）金仲賢率農夫數名駐蓮花山

(三)本厂原警卫士兵分班由警卫队长统筹分任厂内警卫事务

30-1

(四)余存公物集中岭上屋编号封存

(丁)工程队分驻新亭大楼及铁路旁库房[redacted]前项看工及工程队使用各项材料整理完竣即行遣散

(五)工场中材料四散各处均由工程队负搬集材料入仓库存放[redacted]务使各项材料不致为雨露侵蚀而腐烂或因散放而遗失

(乙)[redacted]

(六)留守人员对于公物须分班日夜梭巡遇有发生事故全体合力商酌办理

(七)农夫及公役须分班轮流值夜以免疏虞工程队在解散前应协同看守

(戊)农林室职员除协助看守事宜外应将全部农场空地随时整理务使野无旷土地无弃材秋后届植树时期即将树苗移植山岭以达造林任务

(一)尤以刘江祠周围本山面及防空洞段家冲山洞进出口及附近地带等处应补植草木以期掩蔽云湾里山均多植长根植物以免崩塌

本年之歲豐稔可以預期秋收租穀務須悉數收足晒乾存倉並將收穀

呈報備查

(七) 本處原有竹木花菓隨時保護禁止採伐散殖各處之桐油苧蔴須加培植

底成熟時採摘出售以期增加生產

(八) 本處未完工之廠房山洞及棚廠等建築物須隨時巡察不許外人窺探及在內

聚集住宿等事如有損壞傾塌須即時呈報核辦

(九) 已成工程在請驗中者若需補釘樁位等在部派驗收委員到株之時即需

補釘完竣以便本部委丈量驗收

(十) 廠內道路及廠外公路須隨時巡視路邊不許堆積物料及禁重車輛通行以免

損傷路面

31-1

(十二) 界内廠房除經本處核准借用外其他無論任何機關及個人欲借用本處廠房者不得擅許必須呈報經本處核准方得借用

(十三) 已經本處核准借用之廠房如佔用機關於指定範圍外復擅自佔用須立即制止並呈報本處核办

(十四) 本處房屋除留守人員辦公住宿外不得容留外人寄寓

(十五) 留守人員如遇時局緊張謠言蠭起必須鎮靜探明非至戰時狀態不得擅離職守

(十六) [illegible]段家冲大董坪二處各派公役一人看守立灣里六號倉公役一人嶺上屋辦公處勤務傳達各一人

(十七) 留守人員每旬須報告一次如有特別事故應隨時報告

(十八) 留守人員之工作系統、員工編制及工作分配、材料器具場庫等保管及警衛編配等另具附表

046

庶務股

軍政部兵工署砲兵技術研究處值日規則 二十七年十二月十六日午

第一條 本處值日勤務除庶務股組及警衛隊另有規定外悉依本規則行之

第二條 凡總務會計採買三組除各該組主任免予值日外其餘職員均須輪流充值

第三條 值日官輪流表由總務組擬編呈奉 處長核准施行並通知關係各組

第四條 值日時間自每日上午八時起至翌日上午八時止並規定每日上午八時為值日交代時間

第五條 值日官日間在原任辦公接洽應住宿值日官室內（在

46-1

單人宿舍另闢值日官室一間床鋪被褥由廠置備（不得擅離職守

第六條　值日官之膳食由廠供給不另發給膳費

第七條　值日官除原有職務外規定任務如左

一、會同廠務股整理內務並監察全廠之軍紀風紀及清潔衛生等事項

二、會同廠務股注意空襲事項

三、會同廠務股預防火患及其他災害事項

四、處理辦公時間以外之收發文電事項

五、保管當日公文及對外接洽

六、通知次日輪值人員但次日如係星期日或例假日並

應通知再次日之輪值人員

六、辦理 處長及主管人員臨時交辦事項

七、注意請假缺值人員隨時補入輪值

第八條 值日官附以勤務兵二名由庶務股指派本処公役輪充之

第九條 值日官如遇臨時發生事項而有成規可循者得逕行處理否則應報告總務主任或 處長核示之

第十條 值日官於當值開始日期或前一日因病或因事請假經核准者得順序由次值人員遞補但請滿後應即補值至因公差缺值者不在此限

47-1

第十一條　值日官已届交代時間而接值人員未到者不得離去，須待接值者來時交代清楚後方得解除任務

第十二條　值日時間應懸牌於本工廠顯明處所，上書值日官及勤務兵姓名並起止時日

第十三條　值日官應佩紅邊中鑲白色值日帶以資識別

第十四條　值日官應備左列簿表

1、日記簿及值日通知單

2、本廠值日規則及值日輪流表

3、請領各件簿

4、其他應備各件表冊

前項日記簿由值日官按式記載署名蓋章後於[redacted]翌晨送總務組主任轉呈　處長核閱

第十五條　本規則如有未盡事宜由總務組隨時呈請修改之

第十六條　本規則呈奉　處長核准後施行

修正军政部兵工署炮兵技术研究处防空规则（一九三九年一月二十日）

3

檔案室

修正軍政部兵工署砲兵技術研究處防空規則　二十八年元月廿日施行

第一條　本處發放警報以鑼聲代替其方法規定如附表

第二條　本處總辦公廳警衛隊駐廠警察隊及各單位工訓班各備銅鑼一面一聞對江發警報汽笛聲響即分別鳴鑼傳遞之

第三條　聞空襲警報時全處人員即將重要案卷及其他重要物件移置安全處所

第四條　空襲警報時警衛隊及駐廠警察隊全部出動警戒並對空監視同時嚴密注意漢奸活動

第五條　本處倉庫油庫四週及工人聚集工作區域尤須施行特別警戒不准閒人通過

第六條　空襲警報時消防隊及救護隊應即攜帶應用器械從事準備

第六條　空襲警報時廠境所有晾晒之衣服被褥等應立即收去着白色或其他顏色鮮明之衣服者一律避入隱蔽處所

第七條　空襲警報時凡工作工具之可隨身携帶者應由各員工携至隱蔽之處或收拾妥置一處以草掩蓋發光之工具尤應藏匿

第八條　聞空襲警報時應將汽車開入車房或附近隱蔽地點並將車燈熄滅

第九條　聞空襲警報時應立即停止炊爨並停止使用爐子及開山爆石工作

第十條　聞緊急警報時一切工作均即停止無防空任務之員工一律迅速避入指定之避難處所

第十一條　緊急警報時警戒哨兵應即施行交通管制凡非負有防空任務者應引導避入避難所不得隨意行動

第十二條　夜間遇有警報或聞飛機聲響時全廠燈火應立即熄滅並

3-1

禁用電筒照射如因特殊原因必須燃燈或使用電筒時應以黑布蒙蔽

第十三條　聞解除警報後應即恢復工作

第十四條　如遇敵機投弹或以機槍掃射偵察時全廠員工應力持鎮静切勿慌張奔跑如不及避入避難所即卧伏地上不得亂動

第十五條　如遇有敵機投弹起火時應於警報解除或敵機離去後全廠員工立即協同消防隊予以撲滅並幫同救護隊出發救護

第十六條　本規則各項規定廠址範圍内無論何人均須遵守違者定予嚴懲

第十七條　本規則如有未盡事宜得隨時修改之

第十八條　本規則自公布之日起施行

事

59

本處工料管理暫行辦法　廿八年三月十六日起試行

(一)各部分裝修水電設備配製工具裝拆修配机器及其他一切製修事項均須填「請製單」經工務組主任核准或同意後編填修造令號碼發交適於此項工作之部分照辦「請製單」複寫叁份經承製部分蓋章後抽存一份送會計組一份其餘一份請製者存根

(二)承製部分接到「請製單」後須按工作品零件及施工順序填乙種「工作實施要目表」并「工作單」此單複寫正副二張副張送會計組正張填工號交工人工作完工後填乙種「驗收單」送收用部分派員驗收再送工務組主任核閱登記此單複寫二份工務組主任核閱後送會計組一份其餘一份為存根「工作單」及「工作實施要目表」於完工後送工務組以供考核工料之用

59-1

（三）所需工料甚少者统称「零星修配」此類工作繁多之部分每月可填「零星修配」請製單證明承製部分送工務組核後編修造令號碼發交承製部分在本月内請得此項修造令者隨時可將零星修配工作直接交承製部分辦理惟應請明造令号碼經承製部分將工作實施要因表連同工作單送工務組工作課登記核算

（四）工人作何工作或缺工或因故暫停工作隨時由考工員記於「工人作息日報表」中此表複寫叁份工務組會計組各存一份其餘一份作存根工務組根據此表及工人差假曠工等項考核工作進度會計組根據此表作在製品費用賬此表填寫法詳所附說明

（五）各部得酌量需要情形填「領料單」經工務組主任核准領

112

60

料若干存廠備用惟須分别登記於「存廠材料登記表」上并按期作「存廠材料月報表」用料時填「用料單」複寫叁份務為存根一份送工務組一份送會計組

(六)本處收進物料無論係購置或撥用均由購置組填「材料驗收證明單」送請派員複驗後送物料科點收各部分備欲將某項物料繳回庫中填「物料繳回單」送繳之

114

修正军政部兵工署炮兵技术研究处防空规则（一九三九年四月一日）

修正軍政部兵工署砲兵技術研究處防空規則　二十八年四月一日施行

第一條　本處發放警報以鑼聲代替其方法規定如附表

第二條　本處總辦公廳警衛隊及各廠應裝備銅鑼一面一聞對江警報汽笛聲響即分別鳴鑼傳達之

第三條　聞空襲警報時各組人員即將所有經管圖表案卷及其他重要物件收裝妥當以備搬運每日上下午退值以前亦應作周詳之準備

第四條　空襲警報時凡未派有防護任務之員工應即避入防空山洞在各廠工作之工人得由各廠主管員斟酌情形處置之

040

第五條　空襲緊急警報時所有員工眷屬應即一律避入最近防空山洞倘不願避遷仍留住室者則於緊急警報時不許行勳

42
29

041

第六條　空襲警報時警衛隊全部出動，監察並對空監視，同時嚴密注意有無漢奸活動。本處倉庫、油庫、辦公廳四週及工人聚集工作區域尤須施行特別警戒，不准閒人通過。

第七條　空襲警報時消防隊及救護隊應即攜帶應用器械從事準備。

第八條　空襲警報時礦境所有晒晾之衣服被褥等應立即收去。

第九條　空襲警報時凡工作工具及人員隨身攜帶者應由各員工攜至隱蔽之處或放［於］妥當之處，以草蓆蓋覆，發光之工具亦應藏匿。

第十條　開空襲警報時應立即停止放炮並停止使用炉子及開山爆［破］一切工作。

第十一條　緊急警報時警戒哨兵應即施行交通管制，凡非負有防空任務者一律禁止隨意行動。

0 042

第十二條　夜間遇有警報時全場灯火應立即熄滅並禁用電筒照射如因特殊原因必須點灯或使用電筒時應以黑布掌蔽

第十三條　聞解除警報後應立即恢復工作

第十四條　如遇敵機投彈或以機槍掃射偵察時全廠員工應力持鎮靜切勿慌張奔跑如不及避入山洞即臥伏地上不得亂動

第十五條　如遇有敵機投彈起火時消防隊及救護隊應得到總指揮部命令後方可出發撲滅及救護

第十六條　本規則各項規定廠址範圍內無論何人均應遵守違者定予嚴懲

第十七條　本規則如有未盡事宜得隨時修改之

第十八條　本規則自公布之日起施行

42

31

013

處長

擬印乙百五十份除分發各員外餘存文書股遇有新進人員

二

廿八年四月一日於川

軍政部兵工署砲兵技術研究處職員服務須知

一、本處職員對於上級機關頒發禁令及本處一切規章或因新進人員未曾知曉或因日久玩生（已佛時遠）因特彙呈服務須知垂申功令俾資遵守

二、新進人員報到手續

A 新進人員等得委令時即填具報告單（文書股備有格式）到差之日起到差敬送交文書股並到差日期登記

B 奉到委令時即覓保證人二人填具保證書三份（文書股備有格式）於到差之日繳送文書股存記

現金出納人員并須加覓有資產相當之殷實業者為

13-1

保証人

C 到差之日即填具詳細履歷表五份（另有附有格式）二寸半身照片五張及一切証明文件送交文書股案办

D 到差之日應即在簽到簿上簽名嗣後按日依照規定時間到值退值不得遲到早退不得無故不簽到及倩人代簽

[redacted]

E 住宿〔按職別等級或〕如欲居住本處宿舍〔職員住宅或〕須先向事務股登記俟指定房間向林佐以方得遷入其遷出時亦須向事務股報告

經收房舍章程及宿舍膳堂〔中〕規則均應遵守

軍政部兵工署砲兵技術研究處

十三、保守秘密　奉委業務狀況及一切佈置計劃均應嚴守秘密，不得作為書信來往及友朋談話之資料，尤其對於淪陷區域親友函訊，不得將奉委各事及地址宣洩。

十四、領用器物　凡因業務上所需材料書籍，均須先填具請購單，由各本組主任蓋章，送會計組審核，經委員長批准後分別購置，但庶務股分別採購，領到以後須填具領用單分別領用。

十五、領用紙張文具，須填具物品領用單，經各本組主任蓋章後，向庶務股領用。退職時所領各種器物均須如數繳還庶務股點收。

14-1

七、禁用信封　本处印衔信封便条，凡私人信件一律禁用，尤其对于沦陷区域不得以衔封寄递。

三、领用证章　职员须奉处长批准后，可向文书股领用证章一枚，但不得借给他人佩带，于出入厂房时应佩带，俾本处警卫于查时。如证章遗失，须立即将遗失理由声报本处，并登报三天声明作废，并将三天广告剪呈文书股存查。遗失证章或于退职时，应将证章缴还文书股注销。遗失证章缴纳罚款后向文书股补领佩带。

八、事病请假　凡因事因病请假，应填具请假单（文书股备有格式），填明事由及代理人姓名，其在一日以内者由本组主任核准，其在二日以上者应转呈处长核准。

军政部兵工署砲兵技术研究处

病假在二日以上者應附醫生證明書，其他請假手續

及日期之限制，悉照請假規則辦理。

九、出差旅費：業派出差者，如需先領旅費，應具請領單經

本處長批准，向出納股領取。差竣（回京）應填具旅費表（連同單據）

有核式）呈報核銷。

出差時所領用之軍用執照、密電本、電報紙、差假證

毋須繳還（數字）

十一、因病請假者，因事請假，須將請假理由詳具呈文呈

經本處長核准後，方得離職，否則

以曠職論，但經本處長核准先行離職者

15-1

不在此限

十二、公差事项 凡本厂人员均有认附消费合作社服务之义务

十三、预防泄密 凡遇泄露机密将经发重要文件图表

擅入防空山洞 除紧急警报放出外平时禁止出入

服从警卫队（及防护团人员）指导 不得自由通过入院散步

不得有意见而干扰指导公安

十四、亲友来访 凡亲友来访者当侍达室至总务处工厂会客室会晤不得径往至办公室内其他请谈 如亲友要求参观厂房应先报经十四处属长核准方可引导参观

十五、本厂禁令（[illegible]）

(A) 本署所属各工厂有损坏公物或不执行职务者依军法重置（军政部甲字第三九二八号令）

(B) 公务人员当国难严重时期须激发良知倍思报国一切

軍政部兵工署砲兵技術研究處

016

衣食住行務循簡單樸素之原則，毋或稍涉浮陽奢侈，違者一經查實予嚴懲（衛秘巳第〇六六五號令）

（七）自今以後一律禁絕賭博，倘敢故違，一經查明拿獲，定並將賭犯之罪以軍法懲治，決不姑寬（衛秘巳第〇三六號令）

（八）本處直屬各部份人員因環境不良，嗜習日趨濃厚之勢，間有向商家索取回扣及賄賂情事，除派員密查外，仰各部份主管官長嚴飭所屬務各束身自愛，否則一經查覺定當按律處理，繩以極刑（衛秘巳申第二〇四〇號令）

~~本處各員本案破獲，應一律切實呈報~~

（九）凡本處各級人員務須尊重法紀，不得擅濫職權，勿以取巧為要

16-1

妨白以自肥为得计要知民主与暴国岂能逃舞弊营私必有败露之日倘敢於尝试自蹈愆尤政府一经察觉定当执法以惩其咎（前拟民字第五三七号训令）

以上等项经命令本处附属各处所应一律切实奉行遵守

十九、嗣后有未尽事宜由处随时修订之

二十、本须知由本处处长核准之日施行

军政部兵工署砲兵技术研究处

军政部兵工署炮兵技术研究处驻昆明办事处暂行组织大纲（一九三九年四月八日）

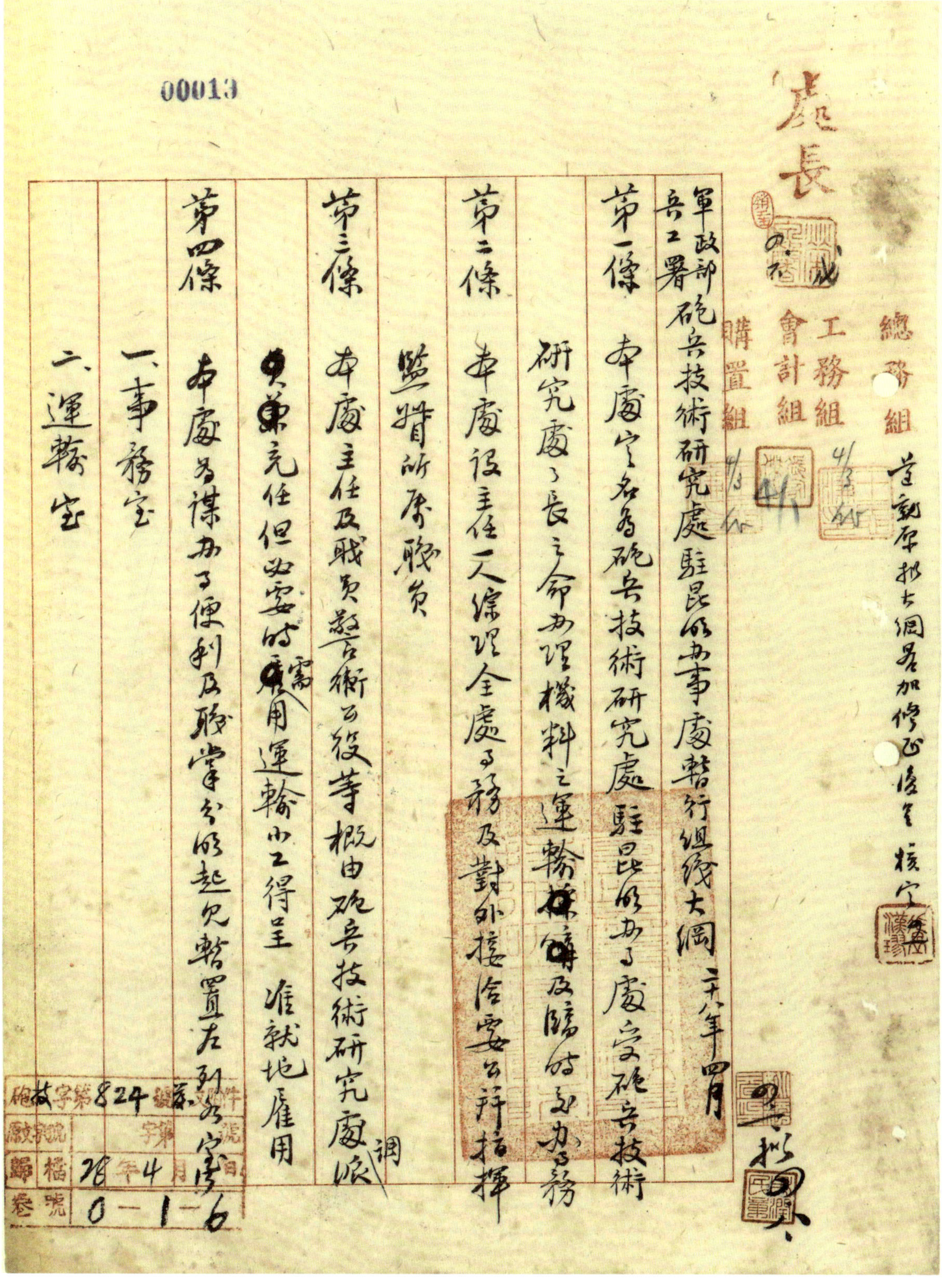
00013

處長

總務組 工務組 會計組 購置組

軍政部兵工署砲兵技術研究處駐昆明辦事處暫行組織大綱 二十八年四月

第一條 本處定名為砲兵技術研究處駐昆明辦事處，受砲兵技術研究處處長之命辦理機料之運輸採購及臨時交辦事務

第二條 本處設主任一人，綜理全處事務及對外接洽要公，并指揮監督所屬職員

第三條 本處主任及職員暨技術士役等概由砲兵技術研究處派調兼充任，但必要時需用運輸小工得呈准就地雇用

第四條 本處為謀辦事便利及職掌分明起見，暫設左列各室

一、事務室

二、運輸室

砲技字第824號 歸檔 28年4月 日 卷號 0-1-6

第五條　事務室掌左列各事項

一、關於文電之收發撰擬繕保管事項

二、關於職員兵之請假登記及轉報事項

三、關於一切庶務事項

四、關於現金出納保管及一切帳冊單據之審核轉報事項

五、不屬於他室及主任隨時交辦事項

第六條　運輸室掌左列各事項

一、關於一切機料之監督裝卸及查點事項

二、關於運輸車輛之交涉及機料分配裝載事項

三、關於機料在途之押運保護事項

軍政部兵工署砲兵技術研究處

00014

四、關於與砲兵技術研究處洽駐東港海防之代表暨運輸人員之聯絡事項

五、關於機料倉庫之監護事項

六、關於運輸報表之調製轉報事項

第七條　本處設主管員一人，助理員一人，由主任於調用人員中派充之

第八條　本處因業務上對外接洽事宜，除情節重大者仍呈請以砲兵技術研究處名義對外分行文電處理外，其他尋常事件則由本處蓋用條戳對外發佈文電，其責任由主任負之

第九條　本處除直隸於砲兵技術研究處外，在當地並受兵工署

14-1

駐昆明辦事處之指揮

第十條 本廠一切費用開支由砲兵技術研究廠酌發周轉金凡金額支付過半或達相當成數時應即實數實造報經砲兵技術研究廠審核無訛後匯款補足之

第十一條 本處員工兵役薪餉依照砲兵技術研究處核定辦法每半月在本處周轉金內先行墊發再列表呈請撥匯

第十二條 各項報告報表應由主管室按式填造並依限呈報砲兵技術研究處

第十三條 本處辦事細則另訂之

第十四條 本大綱自呈奉砲兵技術研究處核准之日施行如有未盡事宜得由本處隨時呈請修改之

軍政部兵工署砲兵技術研究處

盧主任

存參

78

軍政部兵工署砲兵技術研究處公役服務規則 廿八年八月廿六日施行

第一條 本規則所稱公役專指事務課直轄之士兵及公役而言

第二條 錄用公役應依據兵役資格簡則辦理資格不合者不得錄用

第三條 公役到處服務時須覓店保或連環保填具保證書呈請總務組主任核准交事務課分派職務

第四條 公役每日應輪流受軍事訓練半小時

第五條 公役應嚴守紀律服從長官命令遵從各級職員之指揮

第六條 公役無論在處內處外均不得越軌行動並不准說笑喧譁吸烟飲酒聚賭滋事等

第七條 各處電灯由各該管公役負責開關辦公廳電灯由

156

值日公役負責

第八條　公役須按本處規定時間起身及就寢，惟當值公役須至下午十時方准就寢

第九條　倘遇重大事故發生時（如火警、盜警、消防、搬運、救護）全體公役應努力向前，不得規避觀望

第十條　公役在處內服務時須穿着本處規定之制服並佩帶符號

第十一條　各辦公室公役應逐日於辦公時間前開啟室門窗戶並拂拭桌椅櫥櫃，辦公時間完畢後關鎖窗門並灑掃各室拖洗地板

第十二條　玻璃板、墨盒、筆架、水盂、汲水器、印泥、墨水瓶、打洞機、捲筆機、釘書機、算盤等均須隨時擦抹清潔

第十三條　各室鑰匙交該室勤務保管，倘各室遺失物件應由

79

各勤務負責

第十四條　公役絕對不許偷看或翻動辦公室及其他各處所放之物品及文件

第十五條　公役須愛護公物不得浪費

第十六條　公役絕對不許隨地吐痰或隨意拋棄廢物無論何地見有痰唾或廢紙應即設法除去

第十七條　休假日公役亦須輪流看管各辦公室物品

第十八條　凡經派定侍應職員宿舍之公役應俟茶水差遣事務完畢後方得就寢

第十九條　公役因公出外須向事務課報告領取外出証

第二十條　公役除緊要事故及疾病外不得任意請假如必須請假時須覓相當替工報告事務課准假方得離處所

158

79-1

二

覓替工仍由原公役負其全責如無相當替工經事務課核定認爲確有請假之必要者准免替工

第廿一條 公役之是否稱職或工作之勤惰除由事務課考察外得由職員直接考查隨時通知事務課查照

第廿二條 年節賞金由事務課依據各該公役勤惰支配之

第廿三條 公役進退升級由事務課呈總務組主任決定之

第廿四條 公役退役時須經過二個月查無舞弊及不法情事後始准將保證書發還之

第廿五條 本規則經 處長核准之日施行之

52

兵工署炮兵技术研究处携出物品查验放行暂行规则（一九三九年十月二十一日）

83

砲兵技術研究處携出物品查驗放行暫行規則 廿八年十月廿一日奉准施行

一、凡物品由本處携出界外者應依本規則領取物品放行條

二、各職員工人兵役及其眷屬等携出私人物品由其個人開明名稱數量蓋章或由本人報明名稱數量在物品放行條及存根上蓋章或簽字

三、各職員工人兵役等携出公物必須開明名稱數量由其本人蓋章外並須各該組主任及各部份主管人員蓋章證明

四、各包商及其所屬工人携出私人物品及工具必須主管部份主管人員蓋章證明

五、非本處職員而寄居本處者及其眷屬僕役携出私人物品應依據第二條之規定辦理

六、發出文案器材必須處長核准經主管部份提出証明方得填發放行條

七、携出物品領取放行條時應受填發人檢查不得拒絕

八、物品放行條除工務組工人向工務組勞工課及工人宿舍管理員向處

167

83-1

領取外，其他一律向總務組事務課領取

九、警衛兵接到物品放行條應與條開各項物品詳細檢查無訛放行，下崗後呈交各分隊長彙齊，每二日用送件簿註明張數號碼送事務課與存根核對

十、星期日及例假日物品放行條由值日官辦理之

十一、由事務課另編值字第一號起物品放行條一本，於各假日之前一日送當值值日官收存，填發時在第一頁及存根上加蓋值日官章及名章，並於值日任務終了後送還事務課保管

十二、各職員工人兵役包商及寄居本處者領取物品放行條，不依據規定手續不得填發

十三、無論何人攜出物品，如未領放行條者，崗警不得放行

十四、本規則如有未盡事項，得隨時呈請修改之

十五、本規則奉　處長核准之日施行

168

兵工署炮兵技术研究处汽车运输队遵守事项（一九三九年十一月六日）

(3)

二十八年十一月六日
處長批准施行

砲兵技術研究處汽車運輸隊遵守事項

一、押運員在途中除遇重大事故須電處本部請示者外有處理一切之權，押運兵及司機均應受其指揮。

二、押運兵不准離車，如遇必須離車時，如用膳等須輪流看守。

三、司機應在車中住宿，並在十一時以前就寢。

四、行車時押運員坐最後一車，俾前行各車發生障碍時隨時處理。

五、各車距離不可過遠，前行車輛並須於隔半小時後不見後開車駛到，應即緩駛，俟望見次車時始可照常前進。

六、每行駛二小時後，最前一車應即停駛，俟後隨各車全數到齊後再繼續駛行。

七、車輛行駛以早開早歇為原則，各司機於車輛到達宿站後須檢查機器各部份，並準備一切，俾次日能趕早開行。

八、所有行車人員除隨身日用必需品外，不得夾運私貨。

九、押運員指定午膳地點後，前行車輛不得任意變更開往他站致失聯絡。

十、本規則經處長批准後施行。

修正军政部兵工署炮兵技术研究处职员服务须知（一九三九年十二月二十日）

86

修正軍政部兵工署砲兵技術研究處職員服務須知 二十八年十二月廿日公佈施行

第一章 總則

第一條 本處職員之服務除按法令規定外悉依本須知行之

第二條 本須知所稱職員係指本處編制內職員而言其他臨時聘雇人員別有規定者各從其規定

第二章 新進人員之報到

第三條 新進人員奉 處長派職務後即須具到差報告（文書課印就備索）遞送所隸長官層遞 處長核閱後交文書課登記

第四條 新進人員除按前條規定辦理外並應自覓階級較高之現任官佐二人作保填具保證書（式三份連同履歷表五份（附繳二寸半身相片五張）聯環保結（一份（本處職員五人連保）不吸食烟毒切結三份（以上文書課均印就備索）及證明文件等應於到差後半月內一併繳送文書課以便呈 署請委

現金出納人員並須加覓資產相當之職業者為保證人

第一篇

試用人員除填具到差報告暨保證書外暫定填繳簡歷表一份（文書課印就備索）其餘履歷證件等俟正式補缺時繳送

第三章 簽到辦公

第五條 本處辦公時間係參酌上級機關規定辦理新進人員到差（或在差）[illegible]（一份一本月份上下午在簽到簿上簽名再赴指定地位工作

第六條 遇有特殊事故本處得將辦公時間臨時縮短或延長之（各工場作息時間另定之）

第七條 辦公時間各職員不得相互談笑閱小說報紙或擅離工作場所

第四章 領用証章

第八條 新進人員到差後可自備最近二寸半身相片一張向文書課領取職員証及本處徽小証章各一枚以便佩帶而資識別（職員証隨身攜帶小証章佩於左胸顯明之處）

第九條 上項証章領到後應妥慎保管使用不得轉借他人遇本處警衛隊檢查時

87

時即須取出交還不得推諉

第十條 上項証章遺失時其罰則及換領手續規定如左

甲、職員証 首次遺失罰月薪百分之十自二次起每次罰月薪百分之二十

乙、廠徽小証章 每次遺失罰國幣壹元

上項証章遺失後應將號數遺失緣由及日期地點等具報所隸長官轉呈處長核辦一面再向文書課申請換領倘發覺隱匿不報情事應從重議處又遺失之証章處罰後如發生事端仍由使用人負責

第五章 出差給假

第十一條 本處職員出差及給假除法令另有規定外悉依本條各款辦理

甲、出差

一、出差分為短程長程兩種短程係指本處附近各市鄉村鎮往返不足五十公里而言長程係較遠之縣區或外省

二、職員奉 命出差時凡屬短程者應填具短差証（事務課印就備索）長程

者（預計出差日數在七日以上）應填具出差報告單（文書課印就備索）分别呈由所隸長官轉呈處長核閱長程差竣後並應填具差竣報告單（文書課印就備索）照上列手續呈閱

短差証奉　處長批閱後由本人保存爲支報旅費之根據出差報告單及差竣報告單奉　處長批閱後由文書課分别登記

三、長程出差如需預支旅費應填具出差人員請借旅費單（會計組印就備索）呈經處長批准後向出納課領款如不填請借旅費單而用普通發條者借支旅費會計組不予核發差畢返處儘十四日內填具旅費表（事務課印就備索）呈報核銷倘逾限不報而本處經費已向上級機關報銷該項借支旅費無法剔入時應由出差者全數繳還本處

四、短差長差旅費之給與各按規定辦理（會計組備有旅費給與規則）

五、出差經辦事項如有款項收入時應於差畢之當日或翌晨將款繳至出納課遇有支出費用無論曾預領或須補請均應於公畢五日内將一切支出憑單

依照法定手續呈報核銷倘支出款項逾限不報而發生第三款所列情事應
向經手人追回賠墊之
六、出差時所領之護照證明書密電本印電紙差假証等差畢後均須覈實繳
還各填發部份
乙、給假
七、給假種類除規定之例假外暫分為事假病假兩種凡因婚喪及不得已事故
必須請假者謂之事假凡疾病傷痍臨時不能服務必須請假修養者謂之病假
八、事病假必須在請假單（文書課印就備處）內書明詳細理由及病狀不得僅書
「因病」或「因事」一類含糊名詞以圖塞責病假滿一日者並須呈驗醫生証明書
九、請假者應將假單填就親自呈遞直隸長官其未經批准先行離職以奔喪
急病及其他特殊事故經該管長官負責証明者為限否則不准先行離職
十、處長對本處所屬職員有准校官事病假七日尉官事病假十四日之權各組
主任對所屬職員有准事病假一日之權

88-1

第三篇

以上之准假權係請假及續假日期合併計算

十一、請假期內本人職務須覓適當人員代理

十二、抗戰期間事假在一年內最多為二十日病假最多為六十日逾限一日即扣除

考績服務分數一分

凡事病假連續逾三個月以上者即予停職

十三、凡假滿未回又不續假且無正當理由者七日以內罰檢束七日以上記過一次

十日以上記大過一次二十日以上記大過二次三十日以上停職

十四、凡請假或續假經長官批減日數者應照所批日數銷假服務不得逾限

十五、請假單由文書課分別登記

第六章 膳宿

第十二條 單身職員到差後如需在本處用膳可先向膳食委員會負責人接洽（每月

推選三人負責）預繳諫膳費一元半月膳費六元再行加入凡需居住本處宿舍

者應向事務課登記經指定（原有人員以三人為一組抽定歸數後合住一室）歸數

89

後始得遷入遷出時亦應向事務課報告並不得私自移動或讓給他人
單身職員宿舍內之水電傢具雜役等均由本處供給每月納房金叁元在各人薪
俸內照扣

第十三條 本處職員之攜有眷屬者（指祖父母父母妻子女等直系親屬）得居住本處自建之職員住宅惟事先須向事務課登記需要何種住宅（住宅計分乙丙丁戊四種乙種月繳租金十七元丙種十一元丁種七元戊種六元傢具雜役亦係由處供給電按消耗多寡收費）俟有空額時再行通知搬入

第十四條 凡職員居住宿舍或住宅於每月十五日以前遷入者租金概作一月計前十六日以後遷入者作半月計算遷出時亦同

第十五條 職員請假或出差未將宿舍住宅退出者仍應照扣租金

第十六條 職員居住宿舍或住宅者應遵守左列各事項

一除本人及規定之眷屬外不得容留外人居住並不得將餘屋轉租非本處職員

二因故遷出住宅時須事先報告本處事務課不得私相授受

三、屋內設備及四周花木不得毀壞否則須照價賠償
四、牆壁上不得任意塗寫
五、應保持整潔不得雜亂污穢致碍衛生
六、應注意消防如有不慎肇事公私損失均由本人負責
七、應束身自愛維護公安不得有吵鬧賭博及其他違法行為
八、職員眷屬及傭工等出入本處門衛均應領取通行證（事務課備有）
九、本處有隨時派員查察清潔及公共秩序之權
十、如違反上項規定者本處得隨時勒令遷出其租金仍按定章收取之

第七章 調用（包括寔習）

第十七條 凡署屬各機關短期互調服務暨寔習人員（指本處調往其他機關或其他機關調派來處者以下簡稱調來人員及調往人員）與本處職員之調往各辦事處服務者均應遵守本章各條之規定

第十八條 調往人員奉到本處訓令後應立即啟程將赴調日期具報本處到達後並

應呈報由文書課登記其日期

第十九條 調來人員到達本處後應呈報處長由文書課登記其到處日期以後即按時簽到在指定地位工作

調來人員為便於處內通行起見可向文書課領取廠徽小証章一枚於調用期滿離處時繳還又調來人員如需在本處膳宿其辦法與本處職員同

第二十條 調用暨實習人員須遵守本處及各該機關一切規則不得違犯

實習人員應從所隸部份主管官之指導悉心研究如須製作實習報告寄回原機關時並應得主管官之審查許可

第廿一條 調用暨實習人員期滿後應一律回本機關服務（双方主管長官臨時商定展延者不在此限）

本處人員回處後並應具報所隸長官轉呈 處長由文書課登記其返職日期

第八章 值星值日

第廿二條 凡本處職員均須服行值星或值日勤務（處長批准免值者除外）

第廿三條　軍職階級少校以上文職委任三級以上各職員暫定值星其餘值日

第廿四條　試用人員俟正式補缺後再值星或值日

以上另有詳細規則附於值星官及值日官交代件夾內輪值時可細閱

第九章　小組會議

第廿五條　本處遵照上級機關命令為培養公務人員之德業增進機關工作之效能起見職員均應參加小組會議其辦法如左

一、小組會議以各組為單位每週分別舉行一次（時間另定）

二、各組舉行小組會議時由組主任為組長其餘職員為組員

三、每屆月終舉行組長會議一次由　處長任主席

第廿六條　各職員應按日填寫工作週報表（事務課印就備索）於週末送呈主管組主任核閱

第十章　請領公物（包括請購請製及請辦工程等）

第廿七條　凡職員到差後可就公務上之需要填具領物單（須經本組主任蓋章）向事務課領取紙張文具等物品

971

如係消耗品用完後可繼續請領但以節用為原則非消耗品用久損壞時可填具器物損毀報告單（事務課印就備索）簽報 處長批准後作廢

第廿八條 凡因公務上所需機料書籍動用工程及事務課未備之物品等可分別填具請購單（機料請購單）請製單領料單請辦工程單（事務課印就備索）等照左列手續辦理

一、請購單及機料請購單 本人填就（正副二張）蓋章後送呈本組主任蓋章證明再由會計組主任會章（請購單須由總務組主任會章）遞呈 處長批准後交購置組派員採購購到後分别點收領用

二、請製單及領料單 本人填就（正副二張）蓋章後送呈本組主任蓋章證明再由工務組分别承製配發

三、請辦工程單 按照上列手續填就（正副二張）分别蓋章並經 處長批准後交土木組製辦

第十一章 公益事項

91-1

第廿九條　本處職員患病得由醫務課免費診治給藥其眷屬因病求治時除免診費外得按成本收取藥費

第三十條　本處為預防疾疫得命各職員及其眷屬定期前往醫務課接種牛痘或注射其他預防針不得推諉拒絕上項針苗概不收費

第卅一條　本處設有職工俱樂部日用品供應部及子弟小學等其目的如左

一、俱樂部　內分文藝運動歌咏三組其目的在安定職工公餘生活以激發其工作精神凡本處職員均可加入

二、日用品供應部　備有柴米油鹽等必需品其目的在調節消費以求減輕職工之負担凡本處職員及其眷屬均可向該部購買物品

三、子弟小學　內分初高兩級（自第一學年至第六學年）其目的在培養職工子弟基礎學識凡本處職員之子弟均可報名入學

第十二章　親友見訪

第卅二條　凡職員之親友來處相訪應於傳達室填具會客單由傳達持單面啟職

183

員在會客室內會晤不得將親友逕引至辦公室晤談時間並不得過長

第卅三條　凡職員不得領帶親友眷屬參觀本處工廠

第十三章　携物出外

第卅四條　凡職員携帶公私物品出本處界外時必須報明數量名稱等由事務課填發放行條衛兵始得放行

第卅五條　携出物品領取放行條時應受填發人之查驗不得拒絕經過各崗位並須受衛兵之檢查

第卅六條　星期日或例假日物品放行事宜由值日官辦理之

第十四章　防空

第卅七條　聞空襲警報時各職員應將所有經管圖表案卷及其他重要物件收拾裝箱以便搬運每日上下午退值前亦應作同樣之準備

第卅八條　照前條規定辦妥後凡職員未派有防護任務者應各避入指定之防空山洞本人經管最重要之文件並應隨身携入山洞

職員眷屬聞警報後應將晒晾之衣服收去並停止炊爨然後避入附近防空洞內

第卅九條 緊急警報時除防護團員兵及值星值日官外無論何人不准在山洞外自由行動

第四十條 夜間遇有警報應將室內燈火熄滅並禁用電筒隨意照射

第卌一條 在防空洞內應嚴守秩序不得喧嘩及隨地便溺

第卌二條 如遇敵機投彈或以機槍掃射時應力持鎮靜切勿慌張奔跑

第卌三條 警報解除後應立即恢復工作

第十五章 去職

第卌四條 本章所稱去職包括事病辭職（長假）因案撤革調離等三項

第卌五條 凡因事病辭職（長假）者應詳敘理由具報所隸長官轉呈 處長批准後填具離職報告（文書課印就備索）申請先行離職（因病辭職者並須附呈醫生証明書）由文書課登記其日期

辭職未經 處長批准前仍應按時到公

第卌六條 凡因案撤革人員即以 處長頒發條諭之日為其離職日期如案情重大須交

軍法機關審訊者本處得暫予扣留

第卅七條 凡職員由其他機關函電本處調補對方缺額經 處長批准者應將調離日期函報 處長後由文書課登記

第卅八條 凡辭職（長假）及撤革人員均應填繳離職保證書一式二份（文書課印就備索）呈先事擅離抗不補填者一律呈請通緝

第卅九條 無論辭職（長假）撤革及調離人員均應將經管事務交代清楚後方准離職所領職員証廠徽小証章及一切有存儲性之公物均應分別繳還原領部份原居宿舍及住宅均應依限遷出（宿舍以三日為限住宅以一月為限）

第五十條 凡職員去職時不得夾帶本處任何公物

第十六章 附則

第五十一條 凡本處內部設施及工作情形對外均應嚴守秘密不得引為談話及通訊資料違者依法懲處

第五十二條 凡上級機關頒布法令暨本處制定各項規章須各職員遵守奉行者一經公

93-1

佈或續發命令即為生效各職員應絕對服從不得違抗
第五十三條凡職員遇所隸各級長官時應施行敬禮同事間亦應相互施禮
第五十四條凡所隸長官因公務上有何遣令或詢問時職員應悉力以赴盡情陳答
第五十五條同僚間應本親愛精誠之義規過勸善砥礪廉隅
第五十六條本處新進人員必要時得先予考驗其辦法另定之
第五十七條本須知如有未盡事宜得隨時修正之
第五十八條本須知自公佈日施行

183

兵工署炮兵技术研究处工具管理暂行办法草案（一九三九年）

礮兵技術研究處工具管理暫行辦法草案

(一) 本處各工場所用工具均依此辦法管理之

(二) 凡製造修裝等工作所用易於消耗之用具均係本辦法所指之工具

(三) 所有工具不問自製或購置者均存於物料庫各部得填「工具領用單」領存於其工具房備用此單複寫叁份乙份存根其餘貳份送工務組主任核准後持往物料庫領取物料庫發給後抽存領用單壹份其餘壹份送工作課登記後轉送會計組記賬

(四) 工具不能應用時各部份填「工具報廢單」叁份連同廢工具送工務組請予報廢經工務主任核准後送繳庫中物料庫点收蓋章後抽存壹份交還送繳部分壹份餘壹份送工作課登記後轉送會計組記賬

(五) 各部發給工人之工具長期使用者應視各該工人所任工作之需要規定其

種類及數量記於「工人領用工具限制表」，並報工務組備查。發給之工具亦記此表上，發給時工人於表上蓋章，繳回時工具房管理員於其上蓋章。倘該工人之工作變更，應視所任新工作之需要，更改領存工具之種類數量（亦須報工務組）。多領者應飭繳回。離職時須全部繳回工具。至不能應用時，經技術員核准，在「工具退換單」上蓋章後，繳回工具房換發合用者。

(六)不能長期發給工人使用之工具（如各特種工具數量甚少之工具等），各工人用「工具牌」向各該部工具房臨時領取之，用畢即須歸還。工人領存此項工具牌之多寡，由各部分酌量該工人所任工作之需要及管理之便利規定之，仍須報工務組備查。

(七)物料庫及各部分之工具房，均須按月造「工具月報表」叁份，壹份作存根，餘貳份送工務組，抽存壹份後轉送會計組。

兵工署炮兵技术研究处录用士兵公役资格简则（一九三九年）

80

本處錄用士兵公役資格簡則

一、小學畢業或有相當程度者

二、曾充各部隊班長或列兵者

三、曾受壯丁訓練在半月以上者

四、年齡在十八歲以上三十五歲以下者

五、體格健全經醫務課檢查合格者

7

砲兵技術研究處管理渡船規則

廿九年一月九日　核准施行

一、本處自置渡船兩艘，職工乘坐須依本規則之規定

二、渡船兩艘編為惠然號一號二號，以本廠廠徽雙環為標幟

三、開船時間定為每日上午七時起至十二時止，下午一時起至七時止

四、每晨一艘首次開往化龍橋，以次兩船輪流開行，不得同時同靠一岸、中途停泊

五、職工因要公乘船者，得向事務課取特別開船證交船伕，隨到隨開（如在規定時間外，須先行通知事務課）

六、除因要公持有特別開船證外，每船至少須滿五人方得開行，但不得超過十八人

七、員工士兵伕役及眷屬乘船，須憑證章符號及眷屬通行證，無上項証件者不得乘船

6

八、各部份因公用須開往磁器口朝天門等處必須先一日由各部份主管人員通知事務課派遣

九、船伕在規定開船時間內不得離開夜間將船停泊忠恕沱碼頭輪流住宿船上

十、船面用具由各該管船伕負責保管缺少者賠償

十一、開行時因不注意致船身損壞應由船伕負責修理

十二、不得私搭非本處人員及私收渡費

十三、船身艙面必須隨時拖洗清潔

十四、船伕服裝符號必須整齊並注意禮貌

十五、本規則如有未盡事項得隨時修改之

十六、本規則奉處長核准後施行

（64）

砲兵技術研究處工務組材料庫江邊交貨收料辦法 廿九年六月四日奉處長批准試辦

第一條 砲兵技術研究處工務組材料庫（以下簡稱本庫）為便收運江邊交貨材料手續有所遵循起見特制定江邊交貨收料辦法（以下簡稱本辦法）

第二條 凡本處所購材料訂明江邊交貨者得援用本辦法由購置組先行通知請購部份派員檢驗後辦理手續合格材料即由本庫點收

第三條 本庫將合格材料點收後即將所收材料數開單通知運輸隊派工搬往本庫指定地點（請運材料通知單格式另定之）

第四條 運輸隊接到本庫通知時應即盡量設法派工起運惟遇該隊工人搬運本庫或其他部份材料時得酌量情形分別緩急將重要及細小物料先行搬運

第五條 如本庫所收材料數目甚巨一日難以搬竣者運輸隊得將餘數請由

總務組通知警衛隊（料數須填明）派兵在江邊看守（通知單格式另定之）

第六條 警衛隊接到通知後應即派遣負責人會同運輸隊查對留存材料數目與通知單所列數量是否相符若遇不符之處須立即声明以便查究

第七條 警衛隊接收材料數量核與通知單列數相符後即須派兵負責看守

第八條 運輸隊在搬運所交警衛隊看守之材料須事先會同警衛隊將材料查点後方可起運若查点材料數目與前通知單所列數量不符應由警衛隊負責追查

第九條 本辦法如有未盡事宜由材料庫隨時呈請修正之

第十條 本辦法自公佈日施行

兵工署炮兵技术研究处押运规则草案（一九四〇年八月十四日）

核

呈（代）請 購置組（代）

材料庫 文書課 運輸股 營衛股 會簽

炮兵技術研究處押運規則草案　八月十日擬

1、本處押運員兵或臨時指派辦理押運事務之人員均須遵守本規則之

2、押運員兵於領運器材時須會同交運處之人員點清數量及重量，如有短少須立即請補足或取得有效之證明始可起運

3、押運員兵於接收器材時起至交清楚時止不得離開押運之器材，其因必要而暫離時得託代人看管，但仍由該原員押

李□□簽

20

(28)

運員兵負責

4、押運員兵交缴品材时须将其数量重量亲自當面点清

5、自外運交之品材，其缴库出清者依據工務組材料库江边交貨收料点清交驗之

6、本規則經 廠長批准公布施行

21

军政部兵工署第十工厂各厅处科室主管人员任用标准（一九四一年七月）

073

軍政部兵工署第十工廠各廳處科室主管人員任用標準

074

第十工廠各廳處科室主管人員任用標準

前言

查學以致用，與用當其材，為人事上甄選之基本標準，惟是晚近社會上各種事業千端萬緒，不若以前之單純，每一事業，必須有主持及佐理之人，此項人材之選用，若斤斤焉以其出身或所學為抉擇之準據，則除專門性質之學問可用諸專門性質之事業外，其餘將不免削足適履，刻舟求劍，徒勞無獲。譬如福利一事，已成各廠目前切要之舉，而在國內各學校並無專習福利之科系，相近者為社會學系及工商管理系，但教育、農藝、衛生數端亦為福利事業之一部份，彼主持福利者，對以上數種學問，必難一一加以研習，其理甚明。此不過舉一例而言，其他類似之事尚多。又經驗一項，在事業上之價值極為重要，每有學問甚優，經驗不足而致僨事，故純以平時所學測驗其從事之能力，必有所失。本廠鑒於此，爰擬定各主管人員

70

任用標準如左、

一、主任秘書、其使命等於副廠長，按編制及任務性質而言，應以技術（指大學之機械電機等科系畢業或曾學習兵工製造者）人員充任，但目前各廠情形多以廠長及工務處長俱屬技術人員，對於廠內行政事宜較為隔閡或實際上無法兼顧，是以主任秘書一職，其任務偏重於行政方面，為廠長行政上之最高助手，此項工作，若強使技術人員担任，非特用違其長，且亦不感興趣，本廠以為技術出身而富於普通行政經驗者担任主任秘書，固最相宜（此種人員不易物色），否則寧以事務人員充任，但其學資必須較高，（如大學之政治經濟法律等科系畢業者）行政經驗及社會常識必須豐富（如能兼諳工廠管理者更佳）且能相度環境，肆應一切，方不愧為廠長之良輔。

71

二、工務處長：負全廠製造及技術上改進之總責，以國內外大學機械系畢業並曾習兵器製造而富有經驗者擔任為宜，但各廠出品種類不同，以上所稱工務處長之出身係指一般製造械彈之廠而言，其他如化學、光學、冶煉等廠之工務處長應各就其所學及經驗（如大學化工、鑛冶等系畢業者）加以選擇。

三、會計處長：須大學之會計系、經濟系或商業專修科畢業者擔任，且應具會計上之實際經驗，本人操守尤須絕對廉潔。

四、福利處長：本處業務最為繁劇，應付亦極困難，且學校內無專設之科系造就此項近於萬能之人材，其性質與福利事業相近者，在大學內為社會學系、工商管理系及教育學系，故上列各系畢業者擔任此職較為相稱，但主持福利人員更須具有刻苦耐勞、自我犧牲之精神，第一計劃各項福利事業，須熟悉當時社會情

72

形，從大處落目，並以多數職工之利害，為本身辦事取捨之宗旨。

五、購置科長：購置一項，在國內各學校，亦無專習之科，係比較上以大學商科畢業者担任為宜。其主要目的，在熟悉商業情形，對材料及一般物品之鑑別眼光尤須正確，並應具高尚之操守。

六、人事科長：人事業務之界說，可分廣義狹義兩種。在外國各工廠中，人事者，除管理職工之進退、考績、獎懲、郵賞等事宜外，並兼管食、宿舍問題，保健、衛生、體育、公用等福利事業。凡辦伯康者人事行政大綱及層拆隱著人事管理的實施，此屬於廣義而言。我國多數機關工廠，向僅辦理消極方面之人事（如進退、考績等）較重要者，如人才之訓練、徵集，亦鮮注意，此就屬狹義而言。且我國目前辦理人事者，首重屢次之經驗及平時應付技能，未成一種專門學識，故學校內亦無專習人事之科，係其性質相近者。

為工商管理系、政治系及法律系，以上各系畢業，具有實地經驗，兼長應付者，均可酌選担任。

六、考核室主任，其使命包括全廠各部門業務之考核統計，以覘各項工作之進度及成效如何，意義至為重大，主任一職，對全廠各種事業，首須有深切之認識，並明瞭其發展性能，綜覈名實，加以權衡，為全廠業務興革之鑑，其責職之重，實不減主任秘書及公務處長，而為主任者，須兼諳技術行政兩項，方克勝任愉快。

以上所列主管人員，最低限度須受過高等教育，至其業務，除專門性質者外（猶工務會計兩處長），其他如廠内需要情形變更，及本人習性關係，可酌量調任（如福利處長、購置科長、人事科長等可對調服務），及各廳處以下主管人員，如課長、所長等，人數過多，其業務情形及担任人選，殊難逐一分析，故不具列。

6

作業課辦事細則

作業課擬　九·十一

作業課秉承廠長工務處長之意旨支配全廠製造事宜凡一切有關製造上之準備支配及其考核皆以作業課為樞紐故其工作極為繁瑣法規章則當依事業逐步進展茲就現已辦理有素之各項工作一一規定其細則

作業計劃之釐定　作業課秉承廠長處長之指示依據人力物力機力及經費情形預計全年出品數量逐月工作進度釐定年度作業計劃經處長廠長核准後呈署備案作業課即依照計劃隨時通知各製造部份逐月應做各種零件各道工作之數量務使各部份工作負担平均各項製件配合適當每月廿

6-1

日作業課應將本月應出實出數量及預計下月可出數量編表

呈署

工作令之支配

凡兵工署飭造加造修造各命令及友廠託造公函經工務處批交作業課後，作業課即依據製造方法及其工作順序分別編造工作令呈處長蓋章後發交適當製造部份。凡本廠自需製品而不屬於各所局部使用者，如試造新出品自製材料等工作則由作業課秉承廠處長之命令編發工作令

凡本廠各部份需用之機料器材工具設備等可由本廠自製或修裝者則用修造請託單由請託部份填三份送作業課經處長核准後由作業課編號按照製品情形分發適當製造部

7

二

份經承辦部份蓋章後退回二份一份送會計處一份發還請託部份承辦部份竣工後填收用單三份連同製成品送交請託部份驗收（如係備用品則填備用品繳庫通知單三份連同製成品送交材料庫驗收）驗收後將二份送作業課作業課以一份送會計處一份發還承辦部份凡請託單收用單（或備用品繳庫單）過課時悉應分類詳細登記於工作登記總表使一切請託工作發交何部承辦何時請託已否竣工等情一目瞭然以便隨時接洽催趕

機料工具之準備　作業課依據作業計劃預計應需正料如庫存不足時即應請購副料工具等作業課備有最低存

7~1

量清冊送交材料庫發用，超過此量時材料庫即應通知作業課請購。此外難於預計之物品以及本廠不能自製之機件，凡工務處各部份製造上需用者，亦皆隨時通知作業課統籌請購。作業課填具請購單三份，呈處長核准後送會計處，經廠長批准後，一份退回作業課，即以登記於材料請購查對表，就料購到，經購置科填具材料到廠通知單及材料檢驗單，送檢驗部份驗收合格後，將材料檢驗單一份送作業課，作業課亦以登記於材料請購查对表。購置科每月應將採購情形列表通知作業課，作業課認有必要時，即隨時專案催購。

三　製品之考核　各製造部份應將出品工作逐日填具製造工作日報表送交作業課作業課將每日完成零件數量填登完成零件日報表送處長核閱並將各種零件各道工作製造數量登入製品逐道記錄表各部間收發製品應填製品移轉單送作業課作業課即以登入製品移轉及存量記錄表每屆月終即憑此二種記錄表核算各部各種零件各道工作之製出及存儲數量每三個月由各部份實際盤存一次將盤存結果送交作業課核對

隸屬於作業課者有半成品庫該庫除將逐日收付情形詳細登帳外並應於月終編造半成品收發月報表送交作

8-1

業課核對
須經檢驗課檢驗之零件由檢驗課填送檢驗課日報表作業課除轉呈處長核閱外並分類登入檢驗結果統計表檢驗課並於月終編造檢驗課製品盤存表送作業課核對
材料工具之考核 工務处各部份領用或繳回材料工具時由各部份填領用單或繳回單三份送「作業課」(處長)蓋章各部份於月終填送存廠工具月報表二份存廠材料月報表一份作業課以存廠工具月報表一份轉送會計处核銷止料之考核由作業課依據各部月終存儲數量月內領用或繳回數量與製品應用數量核對有無浪費或不符之處若干副料定

此處作業課三字照章應改送「處長」蓋章但現在事實上大都由作業課蓋章來事細節上應如何規定之處請處長核奪
志謹

9

可仍用處長任事室上係本人委托作業課長代核並無課長私章云會呈請備案　九.廿.

有核准預算如無特別用途不得超過領用其他重要副料工具則由作業課分類編製各部逐月領用統計表以資考核材料庫於每月終編造材料收發月報表呈處長核閱由處長批存作業課參考

賞工表之考核　正式出品之甲種賞工表由作業課核對其實出數量是否與製造工作日報表之累積相符其工作時間例參照製造工作日報表與會計處之統計以核對之並依據規定賞工標準計算應出數量與節省時間有無錯誤

四

兵工署第十工厂检验课办事细则草稿（一九四二年九月十五日）

10

檢驗課辦事細則草稿

檢驗課隸屬於工務處秉承工務處長之命統管半成品及成品之檢驗事宜

檢驗課設課本部檢驗室樣板室驗品收發室及考工室等

課本部由課長一員技術員數員管轄所屬各室掌理全課重要事務對外各單位接洽及對各所聯絡工作指揮及監督各員工作核定工人工資處理工人進退賞罰等問題審察核出品之優劣研究製造與裝配技術上須改良之問題以及檢驗與樣板量具儀器之改善問題等

檢驗課

10-1

各檢驗室派駐技術員一員至數員担任管理各該檢驗室指導工人檢驗出品除另有署定驗收規格者外對於各種出品半成品及成品之檢驗各技術員必須依照課長指定之方法指導工作隨時抽驗或復查檢驗結果之正確與否對於檢驗技術上或對於樣板量具等倘有問題應即報告課長以資設法改善負責訓練工人使用樣板或量具以及檢驗上必需之智識驗品之疵病判斷技能、方法並嚴管工人愛護使用樣板及其他用具等

樣板室派駐技術員一員至數員担任保管及收發樣板儀器量具之職務對於新收進樣板量具等須嚴格

二

查驗合用後始得記入樣板登記總冊以資考查對於樣板量具等之收發須視各所及各檢驗室需要之情形呈請課長核准發用對於現用樣板量具等隨時注意其耗損狀態必要時得向各使用部份隨時收回其一部或全部負責查驗其耗限公差倘有超過耗限或認為不適用者得即作廢換發新品如無新品可換發則得暫停發用其可修改者迅速設法送修其無法修理者應即報廢呈請課長補充新品如發現有損壞情事須查明原因後得呈請添製之對於本課儲存之樣板量具得按出品增加之需要得隨時呈請補添儲存品必要時得將樣板量具

17-1

等之構造尺寸及配合等加以改良或新設計之對於樣板使用上突發之問題應隨時加以研究將其困難問題解決之

驗品收發室派事務員一員或二員担任繳驗品之收發事宜整理檢驗單登記檢驗結果填寫檢驗日報表保管繳驗品按月報告驗品盤存數兼任保管各種圖表檢驗枱凳之廢品木盒以及輸送驗品之器具等

考工室派駐事務員担任考核工人勤惰工人工作狀況經管廠房窗戶門鎖電灯總開關維持廠房秩序及保守清潔保管公用財物編造表册收發及填寫一切文

12

三

件等事宜。

各種手續

編製檢驗圖　對於新出品之零件先由本課與工程師室商議必須檢驗各部之尺寸後由本課編定檢驗部份之尺寸簡號同時造册登記與已設計之樣板配合託工程師室繪就各種半成品之檢驗圖籍以表明檢驗結果或各部尺寸疵病之識別。

對外接洽及聯絡　對於成品由本課派員會同署派檢驗員驗收如有不合格品或其他問題則隨時由課本部報告工務處長或呈請設法改善本課查悉待驗之成品堆積過

12-1

多時得由本課直接函請　署方派員到廠驗收　署派檢驗員到廠檢驗時由本課將指定之簽名簿送請留名同時知照事務課代為招待　各單位各所對於本課有所接洽事宜必須經由課長核定後分令各員辦理

繳驗品收發　驗品收發室收到繳驗之半成品必先點清其名稱數量數目如有短少應立即通知送出部份補足之經核對於檢驗單所記明者無誤即將驗品名稱數量繳驗日期等依其檢驗單號數填入於半成品檢驗收發登記表同時并填發考工單一張附於檢驗單先呈課長核閱指定驗品之緩急後發交檢驗室技術員收存考工單上須填明收到

四

驗品之時日檢驗單號數工作編號製品名稱繳驗數量等對於經檢驗完畢之半成品驗品收發員應對照檢驗單上填明之合格試用不合格數目等與實際件數是否符合并須點明不合格品之疵病分類寔數是否與檢驗單之疵病說明各項數目相符倘有不符應立即詢問復驗員設法清理其手續　如經核對相符之驗品即將該批驗品之驗完日期合格件數試用件數不合格件數等記入於半成品檢驗收發登記表內惟係復驗或重驗抑全尺寸逐一檢驗者其不合格件數與合格試用三種數目之總和必不能與繳驗總數符合此類特殊情形必須於表內備註明白　以上各項手續完畢後即填發半成品解繳單及製品轉移單各兩联隨同試用及

13-1

合格品繳交半成品庫接收蓋章該單之一联留作存根一联送交作業課收存，凸檢驗不合格分類之半成品經收發員點清數目後連同檢驗單一份退還原繳驗部份接收檢驗單之另一份則留存本課驗品收發員對於凸檢驗完單而未分送之半成品及待驗之半成品須妥為保管整齊存放以便隨時點查及盤存 每月終盤存一次造表送交作業課備查

半成品檢驗 檢驗室技術員收到其手續完備之檢驗單（即附有考工單者）應先考慮檢驗工作之困難及需要之緩急分別選擇後即於其考工單上填寫檢驗工姓名分配工作檢驗工則憑此考工單向驗品收發室領取繳驗品由考工員於該考工單上記入始工時刻始得着手檢驗在工作進行中該檢驗單則留存技術員手中檢驗工則將該考工單標明於工作枱上以便巡查員諮詢之用 檢驗時除另有指

14

五、

定之繳驗品外均須遵照各有規定之檢驗條件採取逐步淘汰方式各件均須仔細檢驗在工作中技術員須負責監督工作隨時抽驗或復查其合格品與瑕疵分類是否正確必要時應即予以糾正在一批驗品未驗完前倘有抽調或更換檢驗工時技術員應於其考工單上改填新分派之檢驗工姓名並註明理由同時應將再始工作之新時刻由考工員記入之一批檢驗工作間斷時其填寫考工單手續同此

一批繳驗品經驗完時技術員應即查核廢品之分類總數與不合格品總和是否數目符合如不合格件數超過繳驗數百分之四十則應即報告課長同時由課本部通知原繳驗部份之所長促其注意技術員經核對檢驗結果無誤即於其考工單上填明驗得結果並蓋章以示工作完妥考工員即於考工單上記入完工時刻後留作計算工作總時之用凡驗完之檢驗單由復驗員自己或指派檢驗工填寫所有檢驗之詳細結果經復驗員蓋章後將此檢驗單交驗品收發室接收

14-1

凡廠外工裝配之半成品因地點及工作性質關係其繳驗品之檢驗手續大致相同惟無須經過驗品收發室而已

蘇式榴彈雷管之檢驗　由第五所將已裝藥之蘇式榴彈雷管連同檢驗單直接送本課檢驗室技術員則依照工務處新頒檢驗規則抽驗其外表尺寸後以擊針試驗其敏感以鉛板試其炸力以二十公尺高度之十公斤落錘試驗其安全性及裝入砲彈內射擊而試驗其對於擠壓力之安全性等　技術員則監督各項試驗工作將其結果詳細記錄報告課長核定合用與否不合格者於檢驗單上註明理由連同一份檢驗單與原物退還第五所　合用者將檢驗單送半成品庫接收蓋章其手續與一般半成品檢驗大致相同

成品檢驗　本廠出品除原來蘇式二公分及三公分七砲彈有署定規則外其他成品如擲槍器具八錢雷管方形及圓形藥包等已裝箱解庫時先由各所填成品繳庫單四份經本課加

15

六、

証尚未驗收請暫存庫待驗等字樣及由課長蓋章後由各該所自行繳庫一俟署派檢驗員依規定抽驗合格及於每個成品箱上蓋妥驗訖章後另由本課填發成品檢驗合格通知單交成品庫通知出廠

檢驗登記及檢驗日報　每日存卷之檢驗單須按另件名稱整理將檢驗結果不合格品件數依其疵病分類按檢驗圖上規定之節號順序詳細登記於檢驗登記表以備統計及考查之用　根據檢驗登記表照規定格式須逐日摘要填寫檢驗報告表三份填表員蓋章後呈課長核閱蓋章一份留作存卷一份送作業課轉呈工務處長鑒察一份送交統計科備查

樣板收發　樣板收發室收到各所或各檢驗室請領樣板之通知單即代填發樣板領用單二份單上填明樣板名稱尺寸等交請領部份填入請領數量經手領用人

檢驗課

15-1

及其主管員蓋章後先填入樣板之寔發數量將此登記於樣板收發登記總冊
并於經手技術員欄内蓋章呈課長核閱蓋章後憑單發交樣板其領用單之一份
發交請領部份作為存根另一份留存本課作為領用之收據、不需再用之樣板
請修理之樣板或因損壞請換發之樣板得由領用部份先行通知本課或由本課
代填樣板交還單二份交原領用部份填入交還餘用數量經其經領人及主管員
蓋章連同樣板交還本課經樣板收發員查核無誤則填入寔收數量同時記入
樣板收發登記總冊由技術員蓋章課長核閱蓋章後交還單之一份留
作存根一份作為收據交還原領用部份　本課認為有必要時或檢查樣板
時樣板收發員得承課長之命填發樣板交還單向領用部份將其使
用中之樣板隨時收回其手續與樣板交還時大致相同

七、修造請託手續　凡新添或修造或新設計之樣板器具等先由技術員申請課長填發晒圖請託單請工程師室加晒或繪就圖樣如係急需者由本課繪就草圖附於修造請託單或連同須修改之樣板經作業課工務處送交第八所請代修造到期未交貨者得由本課用書面或派員催促之如係向外廠請代製者先由課長簽請工務處連同圖樣隨函送請他廠代製到期又由本課呈請工務處派員向他廠將其已製成之樣板領回應用。

新收樣板之驗收　新製成或修理完竣之樣板器具等由第八所交到時樣板室之技術員須先嚴格檢查其主要尺寸是否合用不合用者即退還第八所重行修造合用者准予驗收并於其隨送之待用工具領用單或修造品收用單之收用數量欄內填入實收數量并蓋章經登記樣板收發登記

16-1

總冊後再由課長蓋章將此單交還第八所由外廠代造之樣板工具新收到時其驗收手續亦大致相同倘有不合用者不予驗收立即由課長呈報工務處連同樣板退還代造之廠並函請重製

考工

考工員每日上班以前到廠預先開啟廠門及工人名牌箱工人到廠時監視工人翻動名牌如有不守秩序或替人翻動名牌者得報告課長處以罰工上班十五分鐘後須查對工人名牌與到工工人是否相符倘不相符應即報告課長其未到工且未經技術員請准假者應作曠工論遲到一刻鐘者應扣工半小時均須予以登記

下班時考工員應先巡視廠房窗戶是否閂緊電灯總開關是否完妥監視工人翻動名牌俟全體工人出廠後熄滅電灯並將電灯總開關關緊關閉廠門親自加鎖

在工作時間考工員應隨時巡視廠房考核工人勤

17

八、

情如有未經技術員許可而擅離工作場所過一刻鐘以上者應即報告課長處以罰工
倘在半小時者須於工人作息日報表內註明曠工并報告課長

填發就診卡　工人請求就診時考工員須照工政課規定之時刻分批填發工人就診卡（急症工人例外）記入出廠時刻　工人就診卡送回時記入其返廠時刻如核對其往返逗留時間過久應查詢其原因必要時得報告課長處以罰工

記工　工人開始檢驗一批及完畢一批工作時考工員須於其考工單上記入其始工及完工時刻　工作中如有調換工人或間斷檢驗工作時考工員於其考工單上註明原因及新始工時刻　工作完妥一批後工人將其考工單交到考工員時須核算工人實足作總時記入考工單交技術員轉呈課長考核工作效能

填發各表單　工作時間內工人請假或已經准許出廠者由考工員填發工人請假

17-1

單或廠房區出入單等經由技術員簽蓋章及課長核准蓋章。廠房內公用之物件

呼器具須請領時由考工員填寫領用單及蓋章後呈請課長核准蓋章

繕寫及收發文件　各單位來往之文件通知等經考工員收到即抄錄呈課長核閱。凡送出之文件及其他各物均由考工員填寫送件簿督工分送所有呈文報告書工人作息日報表工人考核表賞工表等表冊統歸考工員繕寫呈核

保管公物　本課廠房內之公用財物雜具電灯泡門鎖辦公桌几文櫃等概歸考工員負責保管並負責如有損壞事情應即早報告課長

保持清潔維持秩序　每日下午放工前由考工員督工清掃廠房廠房附近之清潔尤須注意廠房屋頂窗戶水泥等如有雨漏或損壞應即報告課長呈請修理凡有臨時召集工人或參加國民月會或對工人訓話等集會時應由考工員集合工人并維持秩序工作時間如有緊急事情發生或遇警報時得由考工員設法處理及維持秩序。（完）

卅六、九、十五、林梓〔印〕擬。

兵工署第十工厂工务处工程师室办事细则（一九四二年九月）

工務處工程師室辦事細則

本室按照編制設總工程師一人承工務處長之命辦理對外接洽及支配所屬工作

(1)本室在總工程師以下設工程師及技術員若干人分任左列工作：

a. 籌備新出品：

廠長決定製造某種物品後交由本室籌備本室即指定之工程師及技術員即根據每月產量按照實際情況擬定工作程序支配所需機器籌建廠房、附屬房屋、設計各機器之夾頭工具樣板檢驗規格

4-1

及應需材料

b. 改善經常出品之製造方法：

各所出品須不斷改良本室受各方更改製造方法之建議後即指定人員研究如何更改現有之圖樣及製造所用之工具夾頭樣板等

c. 補配機件：

各所機件工具夾頭樣板等有時損壞須增添或補配有時須改善以配合需要本室得各所請託後即

派員繪製或另行設計圖樣

d. 材料研究：

5

本廠新舊材料中有未詳其物理及化學性能者可利用材料試驗機硬度試驗機金屬組織放大照相機等設備以鑑定之又材料經熱處理後內部組織變更可用顯微鏡以研究其變態

e. 繪圖摹圖：

本室任用繪圖員若干人摹繪實物或按照工程師交與之草圖繪成圖樣及印圖

f. 藝徒若干人學習印圖摹圖及摹繪簡單物件

g. 晒圖工人二名担任晒圖

（2）事務員一人掌理下列事項：

5-1

a、保管及收發圖樣書籍表格：

本廠職員欲借閱書籍圖表須填借書單向事務員借取以一月為期但到期得換單續借

b、承晒圖樣：

各部份請晒圖表須填「晒圖請託單」詳列圖號內容送總工程師蓋章後由事務員交晒圖工人晒印晒圖工人不得私自接受他人之請託代晒圖表

c、事務員根據應晒圖樣之尺寸張數逐日核發晒圖紙張數及晒圖藥料

兵工署第十工厂购置科办事细则（一九四二年十月十五日）

購置科辦事細則　附表格十九張以文列次序編訂

購置科主要業務為採購機料及管理運輸兩項

一、採購機料

本廠各部份需用機料須填「請購單」經層奉廠長批准後交該科辦理之

凡機料向兵工署暨所屬機關價發者填「材料請發單」呈署請發或呈署轉飭他廠代造價撥

凡機料向其他機關價撥者均以本廠函件行之

凡機料向商號採購者先須分別詢價及比價或購現貨或購定貨如價值在五元以上者採辦人員並須會同商號填具「採辦物品負責單」以便連同發

37-1

票及收據一併報銷又一次採購一種物品其價值在一萬元以上者須簽訂「定購合同」如須預付定金必先由承售商號邀請舖保填具「保單」保証履行合同

本廠支付採購費用計分三種方式

（一）零星付款由本廠提出現款一宗交該科零星支付週轉應用報銷時填「採購另用金清單」

（二）如採購某數種物品其價值鉅大另用金不敷週轉時可填「暫付款通知單」將來即專案報銷之

（三）定購合同付款填「購買合同付款通知單」

採購物料如屬於材料填「材料到廠通知單」及「材料檢驗單」如屬於固定資產填「驗收證明單」及「財物存用單」分送各有關部份辦理之（此項不久稍有變更）

54

38

二、管理運輸

該科管理運輸以運輸機料為原則

(一)短程運輸　隨時由押運員負責辦理之

(二)長途運輸　本廠派駐外埠辦理運輸人員遇有機料運至他埠時填「機料運輸報告表」以憑點收又每旬須綜結一次填「材料運輸情況旬報表」以便統計

運輸時如有損失其差額在2%以下者填「甲種運輸損失表」呈請廠長核銷如差額在2%以上者5%以下填「乙種運輸損失表」呈署核銷如差額在5%以上填「丙種運輸損失表」呈　署轉　部核銷但此一項損失表可於每一季行之

55

材料庫辦事細則暫行草案

一、本庫綜理全廠一切材料事宜並負收發保管之責任

二、本庫事務除別有規定外概依下列規定辦法處理之

三、本庫收料事項及辦理方法列后

子、進料之規定

材料到廠先由購置科填送材料到廠通知單一份連同材料一併交庫經指定運存地點并派員點收或過磅按其多寡填列實收數量後再將回單裁下退回

丑、材料之檢驗

經購置科填材料檢驗通知單通知請購部份派員來庫檢驗并簽註意見呈奉廠長核批後復將該單送交本庫一份本庫收到時即按其性質輕重分別移放規定地點

58-71

并編列字號填具收料單一式四份送由購置科填列單價總價轉送審計課成本計算課并將存根退還本庫以便根據入帳

請購部份如檢驗不合規格或認為質劣不合應用之材料經簽註意見奉批後本庫得將原收材料全數退還購置科調換

寅、自製之材料

本廠製造部份凡製成之材料開列備用品繳庫單一式三份連同成品一併交庫經點收或磅秤於實收欄内填列數量編號後一作存根二送成本計算課三退還自製部份分別根據入帳

卯、繳回之材料

凡某部份每於工作令完畢時而使用之材料未能全數用罄或領去之材料一時不需應用填材料繳回單一式三份連同材料交庫接照所載繳回數量點收或磅秤於實收欄内填列數量

59

并編號數一作存根二送成本計算課三退回繳回部份分別根據入帳

辰、報廢之材料

凡損壞不能應用或用之日久以致消耗之工具材料得填報廢單三份（消耗材料不在此限）經工務處長或作業課長審核後一併交庫報廢經點收或磅秤相符編號後一作存根二送成本計算課三退回報廢部份分別入帳

巳、其他事項

不屬于上列各項之收料事項

四、本庫發料事項及辦理方法列后

子、發料之規定

各製造所領用普通材料（或請購專用者）得由作業課長審核蓋章後即可照發

77

各製造所領用貴重材料及工具（如鋒鋼等第八所不在此限）須經工務處長核准蓋章後始能發給否則得予拒絕

不屬于工務處各部份領用材料必須由工務處長核章後始能照發

丑、材料之領用

凡某部份領用材料得填材料領用單一式三份先由作業課長或工務處長審核蓋章後持赴庫內領取本庫見到是項領用單分別編號點數或磅秤並填實發數量連同材料與領用單第一二頁一併交領料人携回第一頁作為存根入帳之用第二頁分送成本計算課計算成本

寅、工具材料之領用

凡某部份領用機器上需要之工具得填工具領用單一式三份其領用手續與四之丑項類同

卯、材料之撥付

60

凡廠外之機關來文請撥材料須經工務處長簽註意見轉呈廠長核准後發交本庫取得領據始能照發並根據來文字號填具撥付單一式三份一作存根二送成本計算課三撥付部份分別入帳

辰、材料之移貯

凡就各部份隨時需要之零星材料得設分庫就近發領先由該分庫填具移貯單向本庫移貯一批材料（第一二三四分庫在內）以便隨時填具領單直接領用

巳、其他事項

不屬于上列各項之發料事項

五、本庫帳冊報表單據之編製登記保管

（一）帳冊之編製登記保管

79

60-1

各種材料帳冊計分鐵料電料機料鋼料銅料油料五金儀器工具化學藥品布革雜件土木等類別均須根據領單登記但帳冊上應登記之各欄亦應依照單據所載登入不得隨意增減登記時如發覺單據上有遺漏或不明之處應由原發料員補註清楚再行登記帳冊登記完畢後須由審核員加以覆核再分別鎖入帳箱中或存放指定地點如使用完畢並裝訂成冊者應分年度編號另行收藏

帳簿頁數均須順次編號登載字跡須繕寫清楚不得草率如有錯誤應在錯誤處劃平行紅線兩道註銷並由記帳員在更正處蓋章證明不得將帳頁撕毀

(二)報表之編製保管

凡各種帳冊每屆月終應造收發材料月報一次一式三份分呈工務處長核閱以便查考

外購之材料應於旬日造送旬報表一次一式三份分呈兵工署核閱每屆百份即可裝訂成冊妥

80

放在全地點以資查考

（三）單據之保管

各種單據憑証每屆百頁按其所列號碼裝訂成冊封皮書明名稱號數另裝成箱以備查考

61

六、分庫收發材料及辦理方法列后

甲、第一分庫收發材料之劃分

為便於各製造部份領用材料迅捷及疏散起見設立本分庫存放布革雜件等消耗材料

凡購進之料得由總庫通知即行點收或磅秤按其實收數量呈報告總庫再由總庫辦理

收料手續發出之料先由總庫印就之（從上行）領單填列需要何種材料尺寸規格數量加蓋庫戳

及庫長私章後始能如數發給然後記帳每屆月終應與總庫帳簿核對一次以免互歧

81

61-1

乙、第二分庫收發材料之劃分

本分庫專爲第八所就近領用材料迅捷計特爲設立專存各種鋼料等類别凡第八所應用之料須先開具移貯單持向總庫移貯一批然後按其需用何種尺寸規格即填開領單鋁成領用數量發給應用并填實發數量三頁作爲存根根據入帳一二頁分送總庫記帳每屆月終應與總庫帳簿核對一次月終造送月報二份以便覆核

丙、第三分庫收發材料之劃分

本分庫專爲第十所就近領用材料迅捷計特爲設立專存五金電料等類别其收發材料手續與六之乙項同樣辦理

丁、第四分庫收發材料之劃分

本廠土木材料存放地點涣散不易集中管理特爲設立本分庫其收發材料手續亦與六

82

之甲項同一辦理

七、危險品之保管

甲、本庫對危險品之保管應遵照「陸軍兵器彈葯及危險物品之保管規則」辦理

乙、危險品庫房週圍劃為警戒區請由警衛隊負責警衛非有本庫通知單無論員工一律不准通過該區

丙、每日派員巡查一次

八、濾油房之管理

甲、本庫為收積各製造所之廢油以便利用調製冷卻油特設濾油房專司其事

乙、濾油房僅有濾油分油機各一部能力有限遇必要時得呈請加開日夜双班

丙、各製造所隨時將鋼鉄銅屑分別送交濾油房過濾

62-1

丁、派员负责管理并登记每日滤出废油若干缴库存储备制冷却油之用

九、本细则如有未尽事宜或应事实之需要得随时呈请修改之

十、本细则奉准后施行

84

成品庫辦事細則暫行草案

一、本庫綜理全廠一切成品事宜並負收發保管之責任

二、本庫事務除法令別有規定外概依本細則辦法辦理之

三、凡各製造所製成之成品得填成品繳庫單一式四份送由檢驗課簽註「該批成品尚未驗收請暫存庫保管待驗訖後另行通知」字樣交庫否則不予接收

四、本庫接到合法之繳庫單派員分赴指定存放處所點收清楚後加鎖封固并在繳庫單上編列號數分別帳入并將原單退還工務會計兩處及請繳部份存查暨存根

五、成品製成檢驗課通知署派駐廠檢驗員請其逐箱檢驗認為合格者即在箱上加蓋「驗訖」字樣再由檢驗課書面通知本庫接到成品檢驗合格通知單後始能辦理解繳手續

六、本庫接到各製造所送來之成品繳庫單及檢驗課檢驗合格通知單即填成品請繳通知

書二份一作存根一為迅捷計派員携赴軍械司洽繳並請發給收入命令通知持赴指定之軍械總庫（或直屬軍械分庫）調換接收成品飭收令後分向指定軍械分庫接洽解繳

七、本庫接到成品檢驗合格通知單後即將檢驗消耗數量請由兵工署駐廠檢驗員填列軍械領據兩聯並在蓋就關防官章之編號解繳成品四聯單上分別蓋章證明

八、成品請繳手續辦竣後分別通知購置科派卡車事務課撥渡船（必要時得另雇民船）運輸隊派工赴日搬運裝車并填成品解交通知單二份送會計處計算成本填列價款後退回一份存查

九、各項應辦手續完妥後派員携帶接收成品飭收令接收成品証明單及運費即赴裝成卡車押運分向軍械分庫指定庫房洽繳

十、車達軍械分庫指定處所自行雇用民伕卸裝成品至某庫房或洞庫請其點收無誤始得掣給臨時收據并向軍械分庫及第一軍械總庫（或直屬軍械分庫）換發正式收據並在携去接

收成品證明單上加蓋關防官章以資證明

十一、成品解繳完畢即將運費單據四聯單及收據送由會計處審計課審核經核無訛再由出納課通知領款歸墊另將四聯單及軍械領據分送兵工署軍械司核銷

十二、署司接到成品解繳呈報單接收成品證明單解繳成品通知單及軍械領據經審查無誤填發接收成品備案令到廠証明某批成品已經備案

十三、凡某飭造令之軍品（包括械彈拆修或利用）已經解繳完畢時得由本庫根據會計處計算價款存根另造成品報銷表一式五份加蓋工務處長會計處長及關防官章四份送呈兵工署報銷一份留作存根

十四、凡奉到署頒製字飭造令飭代某機關或部隊製造之軍品謂之製品如已製成撥交完畢時得由本庫根據會計處算成價款填就製品解繳呈報單加蓋官章製品接收呈報單函送

接收機關加蓋關防官章以資証明一併送呈兵工署核銷另填製品解繳通知單分送會計處工務處及本庫存查

十五、凡某機關或部隊託造軍品（或拆修械彈）來函事先須經工務處長擬妥辦法轉呈　廠長批准後始能代造或拆修

十六、某批代造品製造所業經製成交庫得由本庫函請派員携據領取經取具收據始將代造品撥交來員當面會同點清領訖

十七、遵照署頒規定每屆旬日須根據各製造所繳來各種成品數量造送旬報表一式三份加蓋關防官章二份送呈兵工署核閱一份留作存根

十八、本庫帳簿計分成品收發及製造成品總登等類別遇有收發按照規定辦理不得任意塗改或撕毀

65

十九、年度終了時將全年度成品收發數量會同會計工務兩處核對一次如有不明之處均須隨時更正各飭造令及記造文不能結束者得會同工務處請示辦法辦理之

二十、本庫隨時解繳成品為原則需用運費甚鉅臨時借用以時間不及得預先借支週轉費若干以資週轉

二十一、凡有關於其他不屬於上列各項事項得隨時處理之

二十二、本細則如有未盡事宜或應事實需要得隨時呈請修改之

80

三、会议记录

第一次處務會議

地　點：本處會議室

時　間：廿五年九月三日上午八時

出席人數：十人

處長莊權

總務組主任吳肇禎

土木工程組主任徐經常代

工務組主任柴泉馨

會計組主任張家傑

設計組主任陳世仁代

購置組主任陶模代

龔委員積成

唐委員漢宗

二

4

吕技士持平

主席 莊權

紀錄 程書乾 盧漢璆

開會 行禮如儀

報告及討論事項

主席 本處成立迄今本日係第一次召集會議以前在籌備時期各組分頭局部籌備事實上亦無召集會議之必要現在各組關於籌備事項大致就緒已進至工程時期故於本日召集會議由各組負責人員報告工作情形以便決定將來進行方針茲特提出下列數点希各注意

一所有新廠廠房及其他建築物如職員宿舍工人宿舍等暨廠內交通設備等之投標事項擬在本年十二月底一律辦畢所以關于各該建築物等之草圖及說明書應於本年九月底辦理完竣俾便送

三

交建明建築公司着手設計該項草圖說明書等已派定土木工程組徐經常主办希隨時与各組接洽妥当早日办理完竣

二、新廠概算擬於本年十二月底着手進行所以關於新廠之公共設備如水電設備電網佈置電話設備及各廠日常所用之工具工料等應於本年十一月間一律計劃妥當並於砲廠所用材料及砲上材料亦應由哈德曼君提早計劃完竣其中須經鍛工之材料尤應特別注意早為籌妥

三、關於兵器試驗室材料試驗室及機器廠應需之各種機器儀器已派定吕持平唐漢宗陳世仁三員分別負責計劃應於本年十月底至十一月初办妥開列清單交工務組办理其他各組需用之机器儀器亦應同時開單交工務組以便一併列入概算

四、本處籌備新廠圖樣甚多各組分別保管往往因一時疏忽流傳於外以致發生嚴重問題且重要圖樣有時竟無從查考為糾正此種弊端

6

亟應派員專任集中管理現已派定王永慶全權管理以後各組收進或發出圖樣應交該員登記暫由各組保管之圖樣亦應由該員登記並隨時查核

五、關于本處各種文件概由總務組集中收發登記保管

六、本處除設計工務兩組因工作均屬技術性質辦事細則尚未擬妥外其餘各組辦事細則均已擬就並經批准施行究竟施行以後是否適用有無困難請各組主任報告

會計組張主任報告　本組辦事細則施行以來尚無不適用之處但本處收支程序則因出納方面有困難業已稍加修正

購置組陶購置員報告　本組購置程序早經規定但以事實上困難未能全部遵照辦理在最近期間内即將加以修正

總務組吳主任報告　本組關于處理文書及保管文卷業已訂有規則切实奉行迄今並無不適用處至於出納方面亦經擬就出納辦事細則施行

五

7

以來對於会計組方面亦頗联络並無困難

主席　本處購置組與会計組应有密切之联络関於購置费用应由两组事先筹商妥當以免付款時發生困難

總務組吳主任　本處購置組與商專處如何取得联络尚未規定似应早日規定

主席　本處購置組與商專處如何取得联络待從長計議後再行規定应由購置組会同會計組先擬办法送閱

本處自成立起至將来新廠成立止其間应有大事紀錄并須指定專員負責办理現經派定盧漢璆办理由該員查閱案卷並親至各組採訪摘要紀錄

新廠編制亟待擬定要以適合廠情分清權責而富有彈性者為主因前已由總務組擬定一方案大概分办公廳技術處製造處及成本会計委員會工資審定委員[會]職工教育委員会等各部份其中应特別注意者即

六

8

技術處所担任之主要任務為設計試驗研究審核及檢驗等工作至於工務行政及作業支配歸製造處担任其中職掌尚須詳細討論所有整個編制問題現請龔委員主辦各組如有建議可分向龔委員商討總之不能太泛亦不能太呆

龔委員　將來新廠各工廠均應有成本會計室及庫房以便辦理成本會計

又關於圖案方面兵工署早有圖案法規須行本處圖案是否遵照辦理抑另行規定似應早日決定

主席　關於成本會計室及庫房本處已在計劃廠房時一併計劃在內

關于圖案應否遵照兵工署圖案法規辦理交王永慶擬具意見呈核

會計組張主任　本處每月經常購置費為數有限而必須購置之物品極多以後各組購置用品請竭力撙節

主席　本處召集會議原以決定最近工作方針俱屬異常重要希諸

七

9

位以後对於會議特別注意

散會

主席 莊 權 印

紀錄 程書乾 印

盧漢琴 印

兵工署炮兵技术研究处第二次处务会议记录（一九三七年一月六日）

11

第二次處務會議

地點 本處會議室

時間 二十六年一月六日上午十一時

出席人數

處長莊權

總務組主任吳肇禎

土木工程組主任徐經常代

工務組主任榮泉馨

會計組主任張家傑

設計組技術員陳世仁

購置組主任張敏慎

龔委員積成

唐委員澤宗

（壹）

10 9

12

主席　莊權

紀錄　程書乾　盧滌瑩

開會　行禮如儀

報告及討論事項

主席：廿六年新年度已開始本日召集會議根據以往工作經驗討論並決定以後工作方針

本處原來編制在擬訂時原為一種理想並無事實可為依據現下各組工作已有頭緒職務亦已分明原來編制已覺不能合用為適合環境開展業務起見對於編制自應稍加變更可由各組根據以往工作經驗分別自行擬訂修改編制方案送總務組集中彙編呈核奪但應注意不能超出預算範圍

總務組吳圭垣：本處每月預算有限對於新餉開支似應另有

13

主席：

叁、補救辦法

所謂補救辦法約有二端（一）擴大預算（二）維持原預算數另增額外預算此項預算可編入新兵工廠建築經費預算項目内將來事實上添用之人員及工人薪餉為數甚大均可在額外數目内開支上述二端究應採取何種辦法由各組審慎考慮會同呈核对外困難情形各組亦應注意最好事前商洽省得臨事之往返費时

根據本處自廿八年六月起至十二月止職員請假統計表請假者有五十四人之多請假日期連事假病假在内共計四百另二天已超過一年工作日期國家損失非小嗣後对於請假方面應由各組主任嚴格注意因請假多寡為考績標準之一項而各人前途極有関係希各注意考績一

（貳）

12 11

項應於本年一月二十日以前擬妥呈
署由各組主任對於所屬成績加以考核後再行呈核在
批准考語時應以國家事業為重不能失之過嚴亦不
能失之過寬尤不應徇情寬容破壞考績本來意義
至於駐株駐湘兩辦事處考績事項應由總務組
通知儘先辦理以便呈處核辦
本處廠房建築行將招標備工所有電網計劃暖氣
計劃給水計劃各廠機器表及地位圖應由工務組
辦理並集中以備應用
土木工程組自行設計之廠房已否完備
土木工程組徐技術員：除工人宿舍及營房外均已設計竣事
主席：建昭建築師事務所方面進行如何
土木工程組徐技術員：合約緩尚應加訂附則監工條例已由業主經

15

在滬函催建明事務所機就近處未知收到否

總務組吳主任：尚未收到當催詢

主席：購置組關於運輸及單價之調查進行如何

購置組張主任：運輸方面已調查清楚價格不相上下祇有協商運輸公司價格相當信用可靠即兵工署運輸事項亦交該公司辦理其餘雖有價格稍廉者大都不可靠至於單價比較表當於下星期呈核

主席：以後購置材料機器應命各商號來廠登記並參照材委會辦法酌收費用發給執照以後為有登記之商號經本廠詢價不復者即予除名

會計組對於報銷方面進行如何

會計組張主任：廿八年四五六月份（屬廿八年度）報銷表冊已辦妥在繕寫中廿八年度報銷因本廠人員尚有未經委

（叁）

13

16

主席：

准著故未辦理須待人事確定方能著手

人事事項應由總務組会同辦理又嗣後本處職員

如有未經呈委或委准參進引辦職者其薪俸亦應

作為正式開支本處應呈

署備案

關於本處大事記盧文牘員是否仍繼續辦理

總務組盧文牘員：仍繼續辦理

總務組吳主任：本組現擬在大事記外另編簡明表以便查考

主席：

簡明表應加註当时決定辦法緣由

各組辦事希望遵照各項規則辦理以後工務組請

購機料时應註明用途並事前擬就計劃便会計組

審核且總務組辦稿时亦可作為根據

人事方面事務現在究由何人辦理

17

總務組吳主任：人事登記事項現由葉翔事員沈蓉及沈亚亮办理

主席：本處对外文稿極關重要現在各種呈判稿件每多文義欠妥之處須經本席逐件親自修改殊覺痛苦嗣後應由總務組主任嚴密注意

凡各種團體首重紀律对於执行法令不容寬假否則即屬不負責任本處各職員平素辦事努力本席当然明瞭但仍希望各職員實行下列兩点：

(一)應有責任心份內事務非特不應推諉並應切實努力辦理

(二)各組雖各有其特殊之任務及責任但應有互相連絡之精神並根據各項手則處理事務

處務会議以後規定為星期二上午十一时至十二时舉行由各組分別提出議案共策進行

(肆)

各組工作統計表冊事業進行概有圖係應從速提辦工作分配亦應列表記載

廠基溝渠及堤岸工程應由土木工程組提辦火工作業場地点已決定在胡白沖應即通知駐株辦事處对於燒磚地点詳細考察後再行指定

造磚正式合同應即函催中南廠經理來京簽訂

散會

主席 莊 權

紀錄 程書範 盧漢璆

兵工署炮兵技术研究处第三次处务会议记录（一九三七年一月十二日）

20

第三次處務會議

地點 本處會議室

時間 廿六年一月十二日（星期二）上午十一時

出席人員

處長莊 權

總務組主任吳肇禎

土木工程組徐經常代

工務組主任榮求馨

會計組主任張家傑

設計組技術員陈世仁

購置組主任張敘慎

龔委員積成

唐委員漢宗

（壹）

18 17

21

呂技術員持平

主席 莊權

紀錄 程書乾 盧漢璆

開會 行禮如儀

紀錄員朗誦第二次處務會議紀錄

討論及報告事項

主席 攷績表格及辦事報銷關於未經核准各職員薪水如何呈報公文總務組已否辦就

總務組吳主任 攷績表格已辦妥並已參照陸軍、攷績規則等編就辦理攷績應行注意事項及攷績表填註方法各件一併定於本日下午送各組主任至於人事報銷呈報公文正與會計組会商提辦中

主席 關於修改本處編制事項各組已辦理至何程度

22

總務組吳主任：已由本組通知各組先行擬定各該組員額階級再行集中彙編，關於修改編制方面本席提議三点：

(一)設計組主任、駐株辦事處主任駐淳辦事處主任既由處長、土木工程組梁主任及砲廠陸主任分別兼理，將來新編制上該三缺薪額似可不必再填，但註明由某人兼，不另支薪。

(二)總務組軍醫及看護缺薪額既微，恐難覓得適当人材，編制上似可取銷，事實上另行設法。

(三)將來新編制上薪額是否應填寫現在實支數，抑照實支數稍留伸縮餘地，以便將來有變更時不感困難，應請討論。

主席：本廠每月預算薪餉及辦公費項下有無餘款？

會計組張主任：每月預算貳萬五千餘元，其中薪餉貳萬餘元，其餘為辦公費，現下除去實支數薪餉約餘八千餘元，而辦公

(貳)

90 19

23

費約餘一二千元

主席：本廠此次修改編制原為糾正以前之不妥，重行支配，最好維持核定預算數額，另添額外數目以補正額之不足。此項額外數目可在建設費預算項下列入一目，將來額外職工即在此項目下開支。故修改編制時應將新廠正式成立時應需職工人數先行估計，同時並須擬定分期添用職工計劃，將期限人數及薪額預先規定，以便辦理預算，將來如需添用人員即可按照計劃循序施行。此項辦法既不妨礙工作進行，又可省卻常常呈請修改編制之複雜手續。

籌備組張主任：編制如須照此原則修改，則將來廠內組織系統似應先行決定，否則修改編制一事即無從着手。

主席：新廠組織原已擬定，惟應採何種原則由總務組主任於本星期中召集各組主任共同解決之。

24

各組統計表及工務組機器統計表已否辦妥

購置組張主任　各項已定貨之機器統計表已辦妥在繕寫中　当於兩星期後呈核

主席　各組工作統計表限一月底辦妥　工務組機器統計表限二月中旬辦就呈核

機器應釘銅牌編列號碼　銅牌式樣及號碼事先應有規定以資一律而免紛歧　茲規定編列號碼辦法如下

（一）砲廠自一千號起
（二）槍彈廠自二千號起
（三）機器廠自三千號起
（四）砲彈廠自四千號起
（五）動力廠自五千號起
（六）各試驗室器材可以字號分別之　如材料試驗室為材一材二

（叁）

22 A

廿〻兵器試驗室為兵一兵二廿〻區別之
牌號式樣應一律由工務組設計通知各組
機器內部詳細登記表格式須求普通而適用於各處由工務組設
計通知各組
新廠汽爐需用多少舊存者若干應添者若干應由工務組列
表統計在設計安置汽爐時應注意工人飲水問題
鞏委員所擬之槍彈廠施工步驟甚為詳密請各組參閱將
來須注意者即機器佈置與廠房建築極有關係應由土木工
程組在事前與工務組多為商洽
土木工程組係技術員　自當遵照將來廠房建築開工時并擬請各
廠派員駐場隨時注意各該廠機器佈置事項
會計組張主任　物料庫似應先造以免零星物件無處存放
工務組榮主任　物料庫圖樣建昭未寄來應催詢

26

主席　應重建所已絵就之圖樣應立即寄廠不得延擱
龔委员　臨时修理一般尚可辦法
主席　可先借用民房安装機器柴油引擎及馬達均已接洽妥
当
本廠各項圖樣所載名称殊不一致嗣後應注意
総務組吳主任　本廠名称應為「軍政部兵技術研究處」
主席　嗣後圖樣上名称應即糾正所有已絵就之圖樣可用另紙藍
晒更正名称粘貼於應修改之處
本廠及廠内各所名称應由工務組列表通知各組嗣後不得錯用
工務組葉主任　名称表在印刷中即可分送
主席　各組内部有無报告事項
購置組張主任　關於商號登記一事係招標时所需之手續本廠購
料既不招標似可不必多此手續至於商號情形可由本組平日

（肆）

24 23

隨時調查作成統計表備查

會計組張主任　本處建設費二百七十萬元用至現在祇餘三十萬萬元請　處長向署方接洽補充

主席　本處會計近狀由張主任在下次会議中提出報告

總務組吳主任　尚有數種購置之貨物未經呈報備案應請会計組及購置組將詳細清單送本組以便擬稿

主席　兵器試驗所尚缺槍彈彈道及槍彈全身試驗設備應由呂技術員持平迅速辦理

龔委員　槍彈試驗兵工署技術司第一科設備較為完備可參照辦理

主席　營造廠商應由土木工程組事先調查

土木工程組徐技術員　第一次調查答復者共二十八家其中九家最著名可靠

28

主席　应先填就问答表，并调查其经济状况、工作能力、信用及工师、工人工作程度，择其中较为相当者先行赴渝勘察，则将来开价较为准确。

散会

主席　庄权

纪录　程书范
卢谟缪

25

30

第四次處務會議

地點　本處會議室

時間　二十六年一月十九日（星期二）上午十一時

出席人員

處長　莊權

總務組吳主任肇禎

土木工程組徐經常代

工務組主任榮紹馨

會計組主任張家傑

設計組技術員陳世仁

購置組主任陶模代

龔委員積成

唐委員漢宗

31

呂技術員持平

主席 莊權

紀錄 程書乾 盧漢璆

開會行禮如儀

紀錄員朗誦第三次廠務會議錄

討論及報告事項

主席 請會計組張主任報告本廠收支概況

會計組張主任 本廠未成立前兵工署原有整理漢陽砲廠計劃核定經費計三百十一萬元業經領到三百萬元內有三十萬元劃撥為無線電遞製船經費旋署方飭辦株洲新廠當即着手編製經常費概算呈奉核定每月預算二萬四千九百八十元全年預算二十九萬九千七百六十元籌備時間約定三年總計經常費八十九萬九千三百八十元嗣以裴夏二員兼

給以折合國幣因係溢出核定數五十元当蒙部令准予追加預算現在每月預算為二萬五千零三十元至於逐月開支因本處實行事務審核尚不至超出預算

二十五年四月至六月（屬二十四年度）三個月經常費實支數計薪餉一萬四千五百五十元餘辦公費二千一百零七元餘設備費二千零五十四元餘特別費一千二百八十八元餘共計二萬零零零五元餘原預算數七萬五千零九十元尚餘五萬五千零八十四元零六分

二十五年七月至十二月（屬二十五年度）六個月經常費實支數計薪餉五萬零三百八十五元餘辦公費六千二百六十八元餘設備費三千三百六十八元餘特別費五千三百三十五元餘共計六萬五千三百五十八元餘原預算十五萬零一百八十元尚餘八萬四千八百二十一元餘上項實支數因尚未能確定因駐株駐漢兩辦事處之費用尚有未報者」

33

本廠成立之後陸續向兵工署領取各項建設經費計共一百十二萬五千七百七十三元餘（其中英金計三萬三千餘鎊約合國幣五十五萬五千餘元）已支出者計事務費（包括臨時薪工及辦事費等）計一千六百四十餘元建築費（包括測量及地價等）計十一萬九千九百十九元餘設備費（包括購置鉄斗車等費用）計五千六百七十二元餘修理費（包括漢砲廠及華槍彈廠舊機修理費用）計五千八百五十三元餘總計支出十三萬三千零八十六元餘已付機料款二十五萬七千三百五十八元餘已付各項工程費二萬五千元餘已付其他費用（建築鉄路運輸費等）七萬五千〇〇四元餘結存本廠建設費餘款六十三萬五千三百二十四元餘除去暫付漢株兩廠本廠週轉金及墊付修機費共五萬三千四百六十七元餘實存本廠建設費現金五十八萬一千八百五十六元餘

34

兵工署由軍需署領到之株廠建設費計三百萬元除劃撥無線
電遥制船研究費三十萬元外淨存二百七十萬元除去待發本廠
一百十貳萬五千餘元匯柏林商專廠英金四萬一千鎊折合國幣
六十八萬四千五百廿一元餘工程師來華旅費一萬四千〇〇三元莊
慶長榮委員勘察株廠之基旅費三百三十四元餘撥付本廠
經常費十三萬二千二百三十元餘共結存署建設費餘款七
十四萬三千一百三十七元除去撥付滹廠週轉金一萬元代墊
一百十三元餘存署建設費現金計共七十三萬三千零二十四元餘
再本廠於二十六年一月份請領購機料款三十萬元備減除之
則存署建設費餘款僅剩三十餘萬元矣
上述存署建設費餘款共計一百三十七萬八千四百六十二元餘
除去應付機料價款六十三萬〇〇五十二元餘應付滹廠修
機工料一萬一千一百〇三元餘應付本廠經常費三萬八千二

叁

31 30

35

百三十元應付續征土地價款及改河填土工款共十二萬六千二百三十四元餘墊付漢砲廠週轉金六萬元截至最近止建設費結存現金五十一萬二千八百四十二元四角八分

上項收支詳細數目已列表請各位參閱

關於本處經費兵工署希望本處先定概算以便籌款本處在擬定概算時應求切近事實否則概算過大上級機關不能核准過小則有碍事功且一經核定更動匪易

主席 根據張主任報告本處經常費已用去不少工作成績如何應請諸君注意之凡欲辦理工廠自當有相當費用但本席抱定應用則用可省則省之宗旨希望節省無謂費用株廠建設費用原定七百六十餘萬元張主任所報告者爲已領到之三百萬元既有借撥之款將來自當由署補足其餘未領之數現在能否領用應由会計組張主任洽向署方

36

調查同时由本席自行向署方接洽
各種旅費機料價款及零星雜支由署代付者應如何轉帳
由張主任接洽
本處概算已着手擬辦約需一千萬元左右除核定之
建設費七百六十餘萬元外不敷二百餘萬元應請兵工署
設法補足
最近應付款項由土木工程会計工務購置四組会同列表送
製造司
駐滇駐株兩辦事處收付款項手續如何
會計組張主任駐滇辦事處方面已派俞会計員守身前往辦
理駐株辦事處方面規定每月週轉金之額五百餘元建設
費金額每月一千餘元每屆月終由辦事處將單據呈送
本處經審核無誤再行補足

肆

33 32

37

總務組吳主任　此種手續似應用書面規定
主席　由會計組擬訂呈核
本廠經常費而建設費劃分有無正式根據
總務組吳主任　軍政部指定本廠經常費在巽分廠防毒面具廠籌備費及兵工署其他建設費餘款項下開支但兵工署未有明令
主席　應呈請兵工署明令發表
工務組所擬名稱表其中淬鍊所應改為淬火所　彈藥試驗所改為兵器試驗室陳列室改為圖案室」
機器表分為（一）舊機及已交貨機器表（二）分廠機器表兩種由工務組從速編定
新廠組織及本廠編制已否議定辦法
總務組吳主任　業經召集各組主任開会議定新廠組織系

統編制在擬訂中，待集中後呈核。

主席：本處召集處務會議，在使各組明瞭全處工作情形，決定應有步驟，所有討論之結果應注意遵行。

散會

主席　以壯權

紀錄　程書乾　盧漢璆

兵工署炮兵技术研究处第五次处务会议记录（一九三七年一月二十六日）

40

第五次處務會議

地點 本處會議室

時间 二十六年一月二十六日（星期二）上午十一時

出席人員

處長莊 權

總務組主任吳肇禎

土木工程組徐技術員經常

工務組主任蔡象馨

[redacted]

會計組主任張家傑

購置組主任張敏慎

唐委員淳宗

呂技術員持平

（壹）

36 35

王出納員文楠
主席 莊權
紀錄 程書乾
開會 行禮如儀
報告及討論事項
紀錄員朗誦第四次處務會議錄
主席 請總務組吳主任報告關於株廠組織及編制事項并付討論結果
總務組吳主任 株廠組織經討論及研究結果與原擬方案大同小異惟名稱上稍有變更
(一)仍設置總務處蓋以總務處組織複雜須有集總歸納之機構以節省廠長處理瑣屑事務之精力而廠長得以專心致力於重大事務且單分廠所設主任秘書或秘書長以字義言不如總務處之

42

恰当但在總務處職掌下加入聯絡各處会共同工作一項使之名實相符而利廠務進行

（二）職工福利課下加入「協同地方上各機關建設工業都市」一項蓋以部署方面表示將来株廠應有建設工業都市計劃此種任務自應由職工福利課担任較為適当

（三）成本會計課擬置在總務處下蓋一則以成本會計之任務及效用與普通会計絶然不同蓋辦理成本會計之目的為提高工作效率為工商管理之一種方法應屬於全廠行政部份的職掌使權責不相混淆而總務處與全廠各處會場皆聯絡最為密切尤為对内对外文书滙總之所關於集合各種會計資料或隨时登錄各種收支項目必較任何部份為適宜而便利若置於其他處會恐对於臨时或隨时發生之收支項目難免有遺漏之虞則計算出品之成本即難得準確矣

貳

37

(四)製造處各廠擬改為工場而以數字編列技術處各試驗室亦擬以數字編排之對外既可保守相當秘密即將來擴充時亦可順序排列不致錯綜混雜動力廠擬分給水所合併而改為水電所土木工程課改為土木工程所且以材料職員及工人管理便利起見改隸製造處

(五)取銷購置課另設供應委員會除各處處長為當然委員外另設常務委員一人或二人必要時并得召集各工場室所主任及各課庫主任隊長列席全廠一切材料用品無論鉅細悉歸該委員會辦理購置運輸及檢驗事項其下分三組分別辦理購置調查詢價運輸保險捐稅領繳護照檢驗點收以及簽發付款憑証等事項除常置職員若干外必要時并可調用其他各課庫室所職員工人幫辦

(六)工資審定委員會應否設立尚須研究

44

至於此次修改編制目的原有四端
(一)富有彈性任免職員时有伸縮餘地
(二)處理人事進退手續務使簡單
(三)免除时常呈請修改編制之麻煩而同时又須與工作進行無碍
(四)能隨工作之進引而擴大
上述四端亦即新編制應具備之條件修改編制辦法經詳細討論
約有二種
(一)在原預算數目範圍內修改編制另添額外數目列入株廠建
設費總預算項下將來臨时人員之薪給即在此數目內開支
(二)推翻原編制根據株廠組織方案參照筆分廠已經核准之編
制擬訂株廠編制呈請核准至於薪數仍按核准之預算支
用將來至相当階段再行呈請擴大預算
本處應採用何種辦法請處長核示

39

45

主席　本席有數点意見分述於下

(一)根據吳主任报告之理由總務處應仍設置

(二)成本會計課應隸屬會計處蓋會計處為全廠簿記集中之處費用之分攤等等由會計處担任較為適當至於材料工資等直接成本計算由製造處工料計核課辦理交會計處彙核分別加以應得之攤費其數字自可準確惟手續須極謹嚴否則便生差誤

(三)技術處約有二大任務

(甲)各工廠製造上之技術問題及全廠其他有関技術之問題均由技術處辦理

(乙)各項設計均由技術處担任附帶之研究任務亦應由技術處担任

此次擬定之組織技術處方面尚未完備由本席與工務

(叁

40

46

組業主任研究後再行修改

(四)供應委員會之辦法尚屬可行但其下各組職掌及職員任務應分別清楚明白規定庶免與其他各處隔離

(五)工資審定委員會可取銷

(六)總括上項新廠組織之擬定尚待研究之處甚多勢非一時可得適当辦法故修改編制一事勢須先將根據吳主任報告之二種修改編制方法採用第(一)種辦法較為簡捷

本廠各組工作努力實可嘉獎但有时因各人職掌及責任關係難免有手續上之誤會遂致發生隔閡以過去情形而論本廠各組間之連絡精神甚佳其中會計出納二部份者為全廠會計集中之處而出納則為全廠保管及收發現金責任重大当然对於全廠會計及收支概況亦應有相当認識然後工作可以順利進行以後出納員亦應出席廠務会議俾可明瞭全廠及会計方面工作情形

(肆)

41

將來株廠各種橋樑載重規定八噸如費用增加不多則可改為十噸由土木工程組斟酌情形依最經濟之辦法辦理

造磚事進行頗不利由總務組及土木工程組會同設法補救

概算須於本星期完成其中大部份應由工務組辦理應暫時停止其他工作會同土木工程購置設計總務會計各組從速趕辦

至於臨時辦公費數目由總務組會同會計組商定

所有應置機器由各主辦人詳細研究後列入概算如此時漏列則將來即無法補救請各注意

以後四月中應付款項多少請會計組報告

會計組張主任　土木工程方面壹百叁拾餘萬元購置方面十四萬元餘工務方面七十餘萬元共計貳百六十餘萬元所有擴充漢砲廠經費叁百萬元除去上述數目所餘甚多

其他建設費署方表示在第一期國防建設費內撥四百二十萬

48

元儘先由本廠領用，現在已由兵工署領到壹百八十萬元，其餘由兵工署撥用具領。

主席：建廠事務各種建築圖樣應由土木工程組從速催索。

以後廠務會議改在每星期二上午十時舉行，請各注意。

散會

主席 莊權

紀錄 楊書乾

（伍）

43

50

第六次處務會議錄

地點 本處會議室

時間 廿六年二月二日（星期二）上午十時半

出席人員

處長莊權

總務組主任吳肇禎

工務組主任葉彩馨

購置組主任張敏慎

會計組主任張家傑

土木工程組徐技術員經常

王出納員文楠

唐委員濬宗

主席莊權

（壹）

45 44

51

紀錄 盧濬璆 程書乾
開會 行禮如儀
紀錄員朗誦第五次處務會議錄
討論及報告事項
主席：各組有無提案請提出討論
購置組張主任：所擬株廠組織方案供應委員会檢驗組工作似可劃歸技術處辦理
本組購置程序施行已久現將不妥之處加以修改並經各組會稿簽註意見以後本處各項購置手續悉遵照修正程序办理
本處購置貨物大部份均由工務組驗收但驗收手續購置組亦應明瞭以後工務組所擬稿件有關購置方面者務請送至本組會稿

4

52

主席：關於本處購進各項機件之存放事項從前已有規定統由購置組辦理存放地點之指定由工務組決定此後無論何處所搬移物件有關購進機料之存放處所者均應送至購置組會簽登記以一事權而便稽查

總務組吳主任：本處以前陸續購進之機料為數不少尚有迄未呈報者請購置組供給材料以便稽核

購置組張主任：本處以前購進之機料業經列表請總務組查核擇其中未經備案者備文呈報

以後手續可遵照修正購置程序辦理

會計組張主任：以前本處無概算購置機料無論數目大小均應呈報備案以後概算核定則五千元以下者即不必呈報

總務組吳主任：此種原則本處是否適用總務組希望有書面根據

(貳)

47 46

53

主席：以前所購機料未經呈報，應由總務、工務、會計、購置四組會同整理，將來購置另呈機料，應先呈報備案，由購置組張主任向署方接洽，如須呈報則究應逕行呈報抑分批呈報，本廠亦應決定適當辦法

會計組張主任：前次本廠呈請將不能在經常費內列報之費用在本廠公積金及其他項下開支，現奉署方祗准在公積金項下開支而不准在其他項下開支

本廠前年四五六三個月（廿八年度）報銷即可送出，至於其餘各月份報銷則因一部份人事未確定暫緩造列

總務組吳主任：本廠報銷似應在最近期間內辦妥，不應以一部份人事未確定而暫緩造列，本廠成立迄今已歷九月，報銷若不送出恐不相宜

主席：本廠報銷自以提前送出為宜

總務組吳主任：本處所購舊汽車一輛現已呈報但上級機關恐不願驗收此次購買新車及卡車時似可將舊車貼換不足之數在其他費用項下開支

主席：舊汽車既已呈報待部署指令到處後再行討論如有困難另籌補救辦法

總務組吳主任：關於修改編制一事前曾討論辦法多種經詳細考慮均非妥善現擬先行呈請准予將現職人員實支之薪俸數與核定編制薪額相差餘數作為錄用額外人員之俸給如能照准則以後用人便利多矣但在錄用額外人員時須注意(一)全俸薪額不得超出預算數目(二)資格與俸給相當否則將來正式編制施行時此種額外人員即無從位置

主席：此種辦法固屬適當由總務組備文呈請核准將來待概算核准後再行將二者合併呈報備案則將來用人方面當可便

(叁)

55

利不少蓋將來工作進展人員俸給及工人工資定必超出現在預
算若祇用第一種辦法仍難免困難
將來株廠組織究應採取何種方式由總務組吳主任並各組
應儘量討論發表意見以求集思廣益各組主任應摒除成
見詳細研究以期獲一較為最切實之組織
關於漢廠交代事項所有各種清冊如機器材料工人職員等清
冊均未交出本處辦事實感困難應由工務組將實際情形呈
署並通知監盤員及漢廠速辦
所有本處與漢廠款項向題辦理已至如何程度
會計組張主任：漢廠為本處代購之貨款手續完備已如
數滙付所有代修工料款則未付
主席：造磚事接洽如何
土木工程組徐技術員：現已去函轉告中南廠速派多員來

49

56

京商訂正式合同並限於二月十五日交磚五十萬否則取消合同

購置組張主任：本處運輸方面應另行組織蓋以成品有秘密性未便交商號承辦現下株洲搬運伕役均係當地農民倘逢農忙時即無從招集且此種農民未經訓練搬運機件不甚適當現由本組擬定運輸股編制請　處長核示

主席：運輸股之組織實屬需要目前可就漢砲廠原有伕役加以甄別重加訓練以漢砲廠為訓練根據地經費由漢砲廠担負由會計組先行查明伕役工資

購置組張主任：現在打字文件極多擬請添用打字員一人

主席：如有空缺當可添用

散會

主席　莊權

紀錄　盧濬璆　程書乾

兵工署炮兵技术研究处第七次处务会议记录（一九三七年二月九日）

第七次處務會議錄

地點 本處會議室

時間 民國廿六年二月九日（星期二）上午十時半

出席人員

處長 莊權

總務組主任 吳肇禎

工務組主任 業象鑿

土木工程組徐經常代

購置組高潔安代

會計組主任張家傑

唐委員 淳宗

呂技術員持平

王出納員文楠

58

主席　莊權

紀錄　盧漳膠　程書乾

開會　行禮如儀

紀錄員朗誦第六次廠務會議錄

討論及報告事項

主席：本次購置組所擬修正購置程序大體上尚屬可行，至於付款辦法應先擬定方式，註明總價、已付數目、應付數目，使批發之主管人員可明瞭付款性質，而決定應否付給。所有購置之機料，迄未呈報者應即呈報。備案現在未呈報者共幾起，總價幾何，已付數目、未付數目、應付數目若干，由購置組列表呈核。

向百樂洋行訂購之砲料，應令其開明另件單價，至於交貨辦法，以前曾由本席與其交涉分批交貨，現在辦理至何程度。

60

由購置組調查報告

存在滬廠之舊料極多大部份為槍彈廠及砲廠所用之材料業經本處清查將尚可利用之材料造具清冊現由工務組整理後即將清冊送交各廠主辦人在購置機料時應先查閱清冊務須儘量利用舊料以節國帑

第一次訂購之砲廠機器已運到不少但其交貨時期未能按照合同送到者甚多於本處製造火砲有極大影響應即由購置組與商專處交涉

順昌及上海機器廠所造本處機器已準備至若何程度即派陸技術員用清、戚技術員儒華就近調查必要時再派陳技術員世仁前往

（貳）關於駐滬辦事處應注意二点

(一)滬砲廠會計須整理　本處接收滬砲廠時所派人員

54 53

大部份為技術人員技術上頗多努力成績甚佳對於会計及行政方面以乏人主辦未盡妥善應由会計組派員整理並規定登記帳目及報告辦法至於成本会計可暫緩蓋欲辦成本會計須先將經常會計整理就緒方能着手

（二）漢砲廠交代事應即趕辦　漢廠前本處駐漢辦事處之交代迄今尚無正式手續應即趕辦現派盧文牘員漢[illegible]会同　兵工署監盤員赴漢辦理各種清冊所載者須先在監盤員前按實点收後再由双方在清冊上蓋章送監盤員蓋章隨後由廠處會同呈署備案點收時如有糾紛本處即按實呈報務須從速辦竣不能再行延緩

槍彈廠建築圖樣及派營造廠商赴株勘察等程呈署已久迄無消息由總務及土木工程兩組催詢

主席：新廠基地範圍圖由土木工程組從速辦妥

62

土木工程組徐技術員：正在裱糊中，即可送出

主席：現在本廠添用人員極多，據署方訓令，近日發現漢奸混入各機關探听消息情事，以後介紹職員希各注意為要

會計組張主任：本廠概算內尚有建明建築師事務所酬勞金約四萬餘元未列入，應即補入

土木工程組徐技術員：將來建築方面用人必多，可否擬由自己設計之房屋造價提出百分之四作為臨時人員之薪給

主席：概算內已列入，無須再行提出，用人計劃應由土木工程組擬定，惟雇用監工員時應注意其個人品格

土木工程組徐技術員：現下土木工程組需添用一辦事員

總務組吳主任：本廠編制內尚有委任十二級技術員缺，而事務人員缺則須另行設法

（叁）關於報銷公事，據署方訓令須於本年三月十五日及五月十五

日寄造送軍政部

會計組張主任：薪餉册上尚有未盖章者應如何辦理

總務組王出納員：以臨时收據附入薪餉册内並声叙未盖章原委

主席：本處报銷須於限期寄提辦送出

廠房地位須更改由工務及土木工程組會商

鐵路支線詳圖預算及站台長度皆由總務及土木工程

組函催送處站台長度愈長愈佳

公路事應函知（並附圖）駐株辦事處接洽隨时將辦

理情形报告本處并派员負責監督

散會

主席 莊權

紀錄 盧淳璆

程書乾

兵工署炮兵技术研究处第八次处务会议记录（一九三七年二月十六日）

65

第八次處務會議

地點 本處會議室

時間 二十六年二月十六日（星期二）上午十时半

出席人員

處長莊 權

總務組主任吳肇禎

工務組主任榮永馨 王恩濂代

土木工程組徐技術員經常

購置組高潔安代

會計組主任張家傑

唐委員淳宗

呂技術員持平

主席莊 權

紀錄 盧澤璆 程書乾

開會行禮如儀

紀錄員朗誦第七次廠務會議錄

討論及報告事項

主席：本廠二十四年度報銷已辦理至何程度

會計組張主任：四五兩月份報銷表冊已謄清六月份報銷表冊在謄寫中即可送出

主席：購置組關於購置付款已否擬定格式

購置組高購置員：已擬就因張主任病假故尚未決定

主席：應先與會計組商妥後再行呈核但格式須醒目以免發生錯誤

澤砲廠整理會計及趕辦交代兩事辦理已至若何程度

會計組張主任：本星期內派周會計員克功赴澤辦理整理

67

會計事項

總務組吳主任：潭砲廠交代事項擬待署方監盤委員回京後再由盧文績員潭璆会同赴潭辦理

主席：據駐株辦事處蔣技術員瓚報告建築公路支綫一事辦事處不明詳情應由土木工程組將詳情及圖表等迅即函知辦事處

土木工程組徐技術員：圖表函係已用航空快信發出

主席：本處前以工作日繁需用人員極多而原有編制不能隨事實需要而擴充故擬錄用額外人員已由總務組向部署商洽未知結果如何

總務組吳主任：據部署方面意見以為錄用額外人員辦法限制素嚴非特無伸縮自由之利恐反形呆滞不若修改編制為宜同時在概算未核准前先列呈請撥發臨時工程費若干元將

貳)

来臨时或聘用人員之薪給以及非經常之雜項開支均在此费
用内開支則將来用人当可便利多矣
本處概算雖已面呈署方李科長似仍應補具正式手續
會計組張主任：本處概算說明即可辦妥俟送經各組會核後
当將概算正式呈署
主席：本處將来醫院編制應從長討論
總務組吳主任：翠分廠醫院編制較為適当本處或可作為參考
主席：翠分廠因有化学工作關係故須自設醫院而將来株廠
則因地處荒僻所以自設醫院用意稍有不同設備及編制方面
自有互異之處將来株廠醫院或須列為特案辦理現由總
務組先行調查各處醫院設備及編制情形再行決定辦法
近日建築材料價格大漲恐有繼續騰貴之趨勢株廠所需
建築鋼料應由土木工種組從速列表開明尺寸材料以便訂

69

購土方計劃稍有變更但土木工程組應先將下列三点調查明
白呈復以便决定應否變更計劃
一、現在填土已填至若何程度
二、改變計劃後究能省若干費用
三、因改變計劃填土與各方面環境例如建築地位及交通等
有無妨碍
土木工程組係技術員、普通定購鋼料有二種辦法
一、用明尺寸數量由廠商供給
二、將建築圖樣交由廠商由廠商按圖樣所載屋架應需鋼
料供給
比較上第(二)項辦法較為經濟可以免去廢料本處應採用何
種辦法請 處長核示
至於土方計劃應俟駐株辦事處測算完竣後如認為須

叁)

八

改變則可將新計劃呈核而同時將舊計劃抽回

主席：定購鋼料採用何種辦法由土木工程組詳細考慮總之以簡捷經濟為原則

土方工程舊計劃不必抽回因本處認為新計劃可以即按新計劃辦理待工程完竣再以呈報備案可也

先派營造廠商赴株察勘一事應從速辦理

槍彈廠全部工作人員均已派往他處工作應由工務組調回一二人回處辦理槍彈廠事務

百祿洋行交貨已交涉至若何程度

購置組高購置員：百祿洋行來信云已於十四日交到一批

主席：應命其規定每次交貨數量種類列表呈核

現在本處值日收執行任務情形如何

總務組吳主任：每日輪流派定一人為出差或請假則由次日

值日及提補夜间则由住宿本處之職員三人輪流担任其任務为監視焚化字紙檢視火炉是否熄滅領取口令以及本處之消防等任務

主席：值日为軍事機密應有之勤務不可忽視查本處值日低級職員尚能負責而高級職員不注意以後各職員應各明瞭值日之意義及責任切實遵行由總務組主任嚴密注意如有玩忽者即行举发从嚴處罰

本處編制如何修改由總務組速擬

舊料清冊由工務組印就後分送

會計組張主任：株洲造林事據周服務員自明回京称約需費萬元左右

總務組吳主任：據周服務員称鐵路進口及沿线須先填高再行造林以資掩蔽費用約三千餘元佈置苗圃約需

七千餘元但苗圃一項似非急需可至明年冬季再辦

主席：應由周服務員擬具計劃書再核

會計組張主任：以後收發文件可否每天將各項摘由彙總油印分送各組

主席：本處為軍事機關為保守秘密起見不宜如此辦理

土木工程組徐技術員：機器廠廠房須變更而其他廠房大致設計就緒本處各種建築材料似可分批定購以免互相牽掣

主席：由土木工程組而陳技術員世仁商定變更方針一面通知建明暫勿繪圖以免虛耗工作

散會

主席 莊權

紀錄 盧淳璆

程書乾

兵工署炮兵技术研究处第九次处务会议记录（一九三七年三月二日）

74

第九次處務會議錄

地點 本處會議室

时間 二十六年三月二日上午十时半

出席人員

處長 莊權

總務組主任 吳肇禎

工務組主任 榮鴻馨

購置組主任 張毅慎

會計組主任 張家傑

土木工程組徐技術員經常

唐委員濬宗

呂技術員持平

蔣技術員璜

75

主席汪權

紀錄程書乾

開會行禮如儀

紀錄員朗誦第八次處務會議錄

討論及報告事項

主席：本處盧文牘員及周会計員赴滬後有無報告

總務組吳
会計張 主任：尚無報告

主席：本處概算應有簡短說明由本席自行撰擬惟需相当时间方能完成可由總務組倫文先將概算呈核以免影響时间

本處概算極為重要各組有無意見發表

工務組葉主任：發電所建築原定六萬五千餘元現據各方面調查恐不敷須詳細計算酌行增加

66 1

主席：大概須增加多少由土木工程組計算後再行截長補短以謀補救

總之本處概算總數已送出未便變更至於內部項目則可稍加變動但如於萬不得已時總數必須變更則本處自當據實呈報不必拘泥

本處修正編制尚屬可行惟尚有下列各點希注意

（一）現在淳砲廠人員大部份係本處人員派赴淳廠工作連同淳廠原有人員合併計算已敷支配以後淳砲廠請委人員應嚴密審核不能漫無限制

（二）總務組編制太強不錯但各員職掌應分別明白規定

（三）工務組各廠低級技術人員似嫌太少可稍增添

（四）購置組原呈編制除運輸股可由淳砲廠辦理外其餘仍暫納在本處編制內

(五)運輸艦可由漢砲廠辦理所有起重機千斤可先購置

其餘為鐵駁輪船則暫緩購置

建築鋼料約需多少土木工程組曾否計算

土木工程組徐技術員：約計槍彈廠需九百另六噸砲廠需六百七十五噸（機器廠需七百噸）共計二千二百八十一噸共價約六十九萬餘元

未經量核之圖樣部署方面雖免更改擬待圖樣核准後訂購鋼料以免不符

信大造磚事明日方能來廠簽訂合同

主席：鑿井事至今無水源發現未可樂觀萬一將來無水可取應籌補救方法可能者約有下列方法：

(一)利用河流但須先測算每小時流量

(二)離廠三里許有泉源二個應先測算水量及連接方法

(三)萬不得已時用蓄水池方法或在湘江取水

78

以上數項由土木工程組先行調查待梁先生來京共同商討後
再行報告
株洲購置民房事至今仍未辦妥由總務組通知駐株辦事
處辦理
蔣技術員璜：已選定民房並經呈報但價格未定
主席：應調查營產處章程從速辦理
總務組吳主任：株洲方面樹木被毀者極多有無妥善保護
辦法
蔣技術員璜：尚無妥善辦法正在積極籌劃中
主席：最近發生本廠職員在滬乘車不購票情事是否係
該職員本人抑係他人借用該職員證章尚未明瞭總之此
種行動實屬不合有損本廠名譽現正在調查真相但希望
以後各組主任嚴密告誡所屬不得再有同樣事情發生否

（叁）

069

則嚴處不貸

唐委員：將來發電所及機器廠一部份職員及材料須先往株洲可否由駐株辦事處收買民房以備應用

主席：本處命駐株辦事處收買民房原備作將來裝置機器人員及辦理建築人員之宿舍機器及材料之庫房之用必要時並可搭蓋廠棚

工務組葉主任：建明圖樣呈核者已有大部份由　部署批駁似應由建明事務所派員常川駐本處辦公以便隨時向　部方解答各種向題

主席：由土木工程組通知建明事務所照辦

土木工程組徐技術員：將來建築開工時即須用電力可否請工務組先行準備至於電費可由廠商按電量償還

工務組葉主任：已準備柴油發動機及小型發電機

80

散會

主席 莊權

紀錄 程書範

82

第十次處務會議錄

地點 本處會議室

時間 二十六年三月九日上午十時半

出席人員

處長 莊權

總務組主任 吳肇禎

土木工程組主任 梁文翰

工務組主任 葉泉馨

會計組主任 張家傑

購置組主任 張敏慎

呂技術員持平

徐技術員經常

蔣技術員璜

（壹）

72

王出纳員文楠
主席 莊權
紀錄 程書乾
開會 行禮如儀
紀錄員朗誦第九次處務會議錄
討論及報告事項
主席：本處修改編制已辦理至若何程度
總務組主任：本處修正編制已起草完竣並經各組會簽現正在填注各員職務填注完竣即可送出
主席 本處概算務須於下星期送出
據無線電台職員呈請發給週轉金，該項週轉金性質如何作何用途應由會計組調查
會計組主任：無線電台經費本處按月發給該台將單據送來後在本組

84

審核完竣前請求發給週轉金以資週轉尚屬合理

主席：諒台既已歸本處管轄將來諒台經費之發給日期應與駐株辦事處經費同樣辦理待梁主任赴株後該台經費可由辦事處轉發

以前本處土木工程組因人事關係未能十分健全現在梁主任既已就職希望詳密籌劃務使土木工程組成為一健全之組織人事方面如因限於編制不敷支配則可酌添臨時人員給水問題如何解決尚未確定由梁主任赴株實地調查後再行決定傳調本京地質調查所有測量水源儀器可由吳主任梁主任接洽借用

堤岸事亦由梁主任實地調查後從速設計

關於株廠運輸及起重設計亦由梁主任担任辦理

發電所與株廠整個計劃有極重要之關係該所建築應由土木工程組通知建明建築師事務所限期提早設計完成並由該

-84

85

總預計設計繪圖及呈核應需時間如因呈核需時過久則可（貳
由本處先行負責辦妥後再行呈報備案

本處建築之鋼料尺寸擬製表送司云將來軍政部營造司不致
更動故本處鋼料似宜先行購置

土木工程組徐技術員：大體上雖無更改而局部更動在所難免待圖樣核准後訂購鋼
料較為妥當

土木工程組梁主任：鋼料可先行定購一大部份最後一批暫緩定購則如有多餘或不
足容易調整

主席：各廠機器佈置表槍彈廠及砲廠已辦妥機器廠亦須速辦妥

土木工程組梁主任：本處建築佈置地位尚未確定似宜先行專案呈准以便測算各
處泥土載重力

主席：不必專案呈請可先按照現已決定之佈置地位測驗各部份泥
土載重力

75

86

工務組：本處建築順序似應先行規定
榮主任

主席：由工務及土木工程兩組共同商討決定
發電所應如何提前完成亦由該二組負責計劃
株洲夏季濕度由蔣技術員璜調查報告
散會

主席　莊權
紀錄　程書乾

76

兵工署炮兵技术研究处第十一次处务会议记录（一九三七年三月十七日）

88

第十一次處務會議錄

地點　本處會議室

時間　二十六年三月十七日上午十時半

出席人員

處長莊權

會計組主任張家傑

工務組主任柴象馨

總務組主任吳摩禎

王出納員文楠

呂技術員持平

唐委員澤宗

購置組主任張勉慎

土木組主任梁文翰

（画）

77

89

主席莊權
紀錄程書玘
開會行禮如儀
紀錄員朗誦第十次處務會議錄
討論及報告事項
主席：本處修改編制事雖已告相當段落但本席仍覺尚有考慮之必要此次修改編制後至何時再行修改尚未確定修改編制手續非易自不能時常修改是以本席深覺在未送出前應以各人思慮所及再行詳加考慮茲查此次修正草案純以遷就事實符合預算為前提而將來發展情形並未計劃在內工務組方面餘額太少將來是否能適應需要殊屬疑問且高級技術人員多於低級技術人員形成頭重腳輕之勢似非合理之組織據本席意見工務組低級技術人員似應多

78

90

添由工務組再行查加攷慮

規定本廠已經録用之低級技術人員為數不少在各廠實習應由工務組事先規定範圍指定各員任務調濟支配使各實習人員對於工作發生興趣奮起精神繼續努力庶將来各廠有可用之才希各主辦人員注意

唐委員：關於材料試驗室方面人員已由本席先行規定實習順序

主席：實習順序固屬需要但應由各廠各室主辦人員將應行於事先訓練之各種工作例如熱處理熔銅火藥以及機器廠砲廠各種工作編成統計表支配全廠低級技術人員派赴各廠實習使各員將来均能担任相當任務

（貳）軍政部分發本廠之軍械技術班畢業生六員除陳松齡一員因病假尚未報到外其餘均已到廠由工務組先行函索該六員

079

成績簿以備查考

現在駐滬辦事處各事亟待整理現有人員不敷支配由工務組就技術班畢業生六人中酌派數人前往服務

關於二十四年度計算書會計組已辦理至若何程度

會計組張主任：已整理完竣正在黏貼單據等即可送出

主席：以前職員有未經請准前即行離職者其已支薪俸如何開支

會計組張主任：分期在公積金項下開支與本年度計算並無影響

總務組吳主任：本席曾於去年建議請各組訂定工作順序以利進行未見實行本席深覺此事之重要茲事重提擬仍請處座確定各組工作順序大綱以便推行各組照此大綱再分門別類規定工作次序並就可能範圍預定開始及終了日期

92

查現在本廠工作情形因事先無規定之順序可資遵循雖免有先後倒置緩急不分之弊在用人方面言至某时期應用某種人才事先既無順序屆时自感困難即此次修改編制亦以無工作順序可憑以致全恃理想並遷就目前事實辦理在用料方面言某種工作需用某種材料何種材料應在何时購備預計何时運到以免過早則無處安置過遲則使用不及此等問題均以工作順序未定以致未能切合實際狀況辦理各組間之工作既不能互相明瞭又未便東探西求結果各自為政發生隔閡雖有廠務会議使各組有报告其本身工作之機会然各組工作尚少一貫之系統以致廠務會議一變而為談話會效果未能顯著各組若有工作順序人員支配得当施工时期確定後各組應辦工作可以列表分送使互相牽掣全廠成為運用自如之機構廠長為開動機構之樞紐居於督促之地位而各組間之工作結果

叁)

81

可於每週在處務會議席上提出報告，如有困難或變動之處，自可提出討論解決或改善。如此對內既有確定之工程步驟，成為整個聯鎖之機器，則對外應付亦較便利矣。

主席：吳主任所報告之原則極為有理。本處初以草創伊始，未曾明文訂定工作順序及籌備工作，猶有頭緒。本處亦曾計劃工作順序，雖未見諸明文，然各組間之工作並非全無軌道可循。但一則以人事方面始終未能有健全組織，再則以外界之牽掣及公文手續往來，頗使工作不能循序進行，工作順序遂不得不時加變動，以致困難叢生。且本處將來各處能力究應如何規定，並無文字上之根據，純憑本席個人斟酌情形而負責決定之。是以本處情形與歷來各處籌備機關自有不同，工作順序之所以延未確定，亦即以此。現在人事方面漸趨穩定，工務方面籌劃亦有相當頭緒，各組即可將本身工作方針確定。如有困

82 8

94

雖再行籌商改良

至於處務會議迄今已举行十次每次開会时輒由本席提出問題而各組絕少自動提出議案本席深為失望以後務希各組振刷精神每週輪流自動提出議案以便推動工作下次處務会議由總務組先行提出問題討論

本處各組工作日漸增繁添用人員不少但各組如須添用人員应遵照規定手續辦理不能貿然即行録用現下漢奸混入各機關探聽消息者極多務希格外注意以後本處人事應一律集中人事股辦理審核及登記手續審核技術人事可由人事股請工務組榮主任辦理審核事務人員則由總務組辦理

肆）土木工程方面既由梁主任負責計劃自可逐步推行但时間短促工作繁重各人員因限於編制不敷支配則可在臨时工程费項下開支添用人員由梁主任先行規定應用人員名額録用

83

时可由梁主任全權處理
會計組張主任：本處臨时工程費預算祗有九萬餘元大部份已指
定用途請梁主任在用人时嚴密注意以免超出預算
土木工程組梁主任：本組人員大概分配如下技師一人代表本處主席辦理全
組事務其下置工程員及辦事員各二人以二人辦理对於建明
建築师事務所之事項以二人辦理对於驗株辦事處之事項
復置辦事員一人辦理全組文件
至於驗株辦事處之組織待實地調查後再行決定
主席：以前製造司代本處墊付之款項應由会计組向製造司
辦理清算全部帳冊亦應移轉
總務組吳主任：以前本處購置之機料如電切機電焊機及磅
秤等之呈報備案公文已辦妥惟鋼料及配電板則尚未呈報
購置組張主任：配電板及鋼料因須分訂合同故未呈報尚有順

呂合同則擬待修改後再行呈報

主席：發電所房屋設計建築鋼料及洋灰已準備至若何程度

土木工程組梁主任：發電所房屋設計正在進行

鋼料正在計算尺寸

洋灰已準備先行訂購一大部份

主席：訂購洋灰事希應先規定交貨日期

關於各種砲彈槍彈等檢驗規格之材料由呂技術員持平搜集關於材料檢驗規格由唐委員澤宗搜集資料

散會

主席 莊權

紀錄 程書範

第十二次處務會議錄

地點　本處會議室

时间　廿六年四月二十日上午十时半

出席人員

處長　莊權

工務組主任　葉永馨

總務組主任　徐霖

會計組主任　張家傑

購置組主任　張毅慎

王出納員文楠　萬世英代

孫技術員鍾常

呂技術員持平

唐委員淳宗

99

主席 莊權

紀錄 盧濟膠 程書範

開會如禮如儀

紀錄員朗誦第十一次廠務會議錄

討論及報告事項

主席：本日應由總務組提出報告，但徐主任初到，改於下次會議提出。

報告

總務組吳參主任辭職期内，該組各職員照常努力工作，深堪嘉許。盧文牘員濟膠抱病工作，尤屬可嘉。

本廠現下工作最迫切者，為土木及建築工程，但迄今不能順利進行。經由本席與兵工署迭次討論結果，以後關於建築圖表擬由兵工署函請部稿直接送軍事委員會核辦，在未批准前為

100

有應另急辦之工程由本廠負責先另辦理，如此辦法進行可以迅速，裨益公家事業甚大。又在招標後至開標期間本廠應另準備事項，由土木工程組負責辦理。

土木工程組林技術員：按吳工程師所附屬機關習慣在招標後即由土木工程組及總務組會同　部會代表開標，比較結果然後決定交兩個廠承辦，由　部會代表簽字後即可根據簽字單兩廠商訂立合同。

主席：此個係手續方面，此外尚有應需準備之事甚多。

土木工程組林技術員：第一批建築圖樣已完全，第二批有一小部份未完全。至於施工詳圖可在最近數月中提早製完竣，廠基堤岸應於廠房開工前提早築完，否則洪水泛濫，恐於廠房工程有莫大影響。

至於呈核之圖表若直接由吳工程師承辦部稿送畢委會恐將

貳

88

101

來对於本廠反有不利查本廠第一批圖表已奉批准第二批擴
待開亦將發下所存均祇為第三批圖樣似可不必另立辦法以
免將來發生問題
主席：亦是辦法但本廠圖表未呈核者尚有多少
土木工程組徐技術員：尚有機器廠總辦公廳及試驗室均係建的
事務所設計
主席：對於建的方面應由工務及土木兩組會同規定條件期限之
令將各種房屋設計如期完成
建築原料近日價格飛漲本廠各項建築應由土木組再擬
市價重新估計如需增加則呈報預算內列入以免將來增加
時發生困難
廠房暖氣設備由工務土木二組計劃後委託專家設計
砲彈廠人事應由人事股從速整理

89

102

以前漳砲廠修理舊砲收入尚可補助大部份之開支現在工作既側重于試造新砲費用更大修砲能力減少該廠此後經常費用究需若干亟須確定着由会計組辦理

漳砲廠主要工作雖在試造新砲備有餘力仍應修理舊砲方由会計組詢問漳砲廠修理舊砲收入款算并案加試造費合併計算能否收支相抵

漳砲廠工資已先增加但本廠既在試造期間可不必呈報

以後会議錄應分送駐滇辦事處以[illegible]密有關機密通知梁主任親自收藏

散會

主席 莊權

紀錄 盧漢修 程重龍

90

兵工署炮兵技术研究处第十三次处务会议记录（一九三七年四月二十七日）

104

第十三次處務會議錄

地點　本處會議室

時間　廿六年四月廿七日上午十时半

出席人員

處長　莊　權

總務組主任　孫　震

工務組主任　榮承蘗[?]

會計組主任　張家傑

土木工程組主任　梁久綸[?]

購置組主任　張紹模[?]

唐委員　漢宗[?]

呂技術員　詩平[?]

徐技術員　經常

（壹）

91

主席　莊權

紀錄　盧寄琇／程藎忱

開會如禮如儀

紀錄員朗誦第十二次處務会議錄

討論及報告事項

主席：本日應由總務組提出議案

總務組徐主任：本席今日提出三点意見請各位討論

一、本處舉行處務会議原在使各組有互相接洽並共同討論之機会以利工作進行，前次處長出差，處務会議停頓三星期，對於工作不無影響，以後無論處長出差或請假，處務會議似應照常舉行

二、本處人員保证书並未完全辦妥，似應於五月底前一律辦理完竣，處理銀錢之職員尤應按照銀行格式覓取妥保为公

106

家有損失時由保證人負責賠償

三、據第五次廠務會議紀錄本廠造磚事尚未辦理妥善由總務

及土木工程兩組會商補救方法並請但本席初到本廠情形

未熟悉造磚事請該二組主任負責辦理

主席：廠務會議原為各組相洽工作之機會以後無論本席出差

或告假廠務仍應照常開會

保證事由人事股查證至於本廠會計及出納方面人員本席極端

信任但保證事務法律上手續問題應從速辦妥

造磚事由土木工程組梁主任報告

土木工程組梁主任：造磚事經本席與中南廠迭次磋商允許該

廠不必在指定地點內取土並訂定每七日晴天造成磚坯壹萬

塊至於燒磚事則因鐵路未完成運煤困難無從約定期限現

已有一小批燃煤運到第一窑約於五月十日可出磚該廠請

(貳)

93

107

求加價一層已請示　處長待建築工程決標後再行討論

主席：是否尚有其他辦法

土木工程組梁主任：待決標後可與建築廠商承包

主席：廠房煖氣設備已辦理至若何程度

工務組業主任：待土木工程組送出圖樣即可設計

土木工程組梁主任：圖樣即可送出

主席：應即電知陸南熙來京設計惟本處資料應先準備妥當機器廠之房設計何時可完成

土木工程組徐技術員：已電令建明事務所派員來京面洽限期完成

主席：鑄工所廠房圖係由陳技術員幸仁與順昌機器廠共同負責設計由內部與原樣稍有更動由順昌直接與建築公司接洽矣

108

鐵路支線事由梁主任從速接洽路基信號及五里墩岔道應即辦妥

土木工程組梁主任：本席曾與路局面洽但以實際情形與圖載稍有不符原定計劃必須更改現已函催路局從速辦理

主席：材料試驗室房屋更改曾否與土木工程組及建所事務所接洽

唐技術員：尚未接洽擬待建所代表來京後面商一切

主席：兵器試驗室建築設計至若何程度

呂技術員：窗戶須更改

主席：可參照材料試驗室辦法決定方針

駐株辦事處梁主任提議駐株辦事處以前辦事規則不合實用請改定組織確屬合理原則上可以照辦

經常費用方面梁主任提出抽費辦法在各種事業費用內抽

95

出一部份作為辦事處經常開支總計抽費共五千萬餘元
平均每月約二千三百餘元此種辦法是否可行由各組討論
後再行決定
會計組張主任：此種抽費辦法如須實行應呈請上級機關備案
否則難以報銷因本處既有土木工程費將來概算內復有臨時
薪金費約五千萬餘元如無其他開支即足應付駐株辦事處之需要
土木工程組徐技術員：此項抽費辦法據本席所知百水橋研究所
已有先例本處似可援例辦理
主席：既有先例可援着由会計組查案辦理但該項組織原
則上既已決定如需用人員可由梁主任派用不必因此遲延
土木工程尚有一部份須本處自行辦理關於總組織工程隊經費
可在土木工程費餘款內開支
駐株辦事處会計人員由会計組物色在本處訓練後派赴株处服務

110

土木工程组条技术员：动力厂及炮厂建筑图表已呈署，但署方因本厂建筑公文究应呈请军政部转呈军委会，抑由署方办部稿直接送军委会，尚未决定，故搁置未办。似应由本厂早日决定，以免延误。关于建筑住宅及宿舍一事，军政部以为费用太大，训令本厂斟酌办理，并饬规定出租住宅租费办法。

主席：关于本厂建筑公文如何转呈一节，已据兵工署制造司杨司长电话云：所谓兵工署为办部稿，亦须由营造司会稿，在事前并应由营造司与军委会审计所接洽。现可由兵工署方面决定如何办理，由条技术员再到赴署接洽可也。

住宅造价可分二十年摊回，修缮费用亦可在租金内抽出，由土木工程及会计两组依此原则拟就办法。

本厂概算原则上已决定将来一切编费均须在概算所开支。现查各组请购机料对于用途未能完全注明，以后务希注意加

（肆）

28 97

以說明以便審核且以後請購機料事務應要会计組擬定辦法由各組詳細討論後再行決定（交洽議由会计組）機料設備由各主辦人詳為估計否則無概算核定即無法再行增加

唐技術員：機料實際價格總之與預算不能相符此種情形應請設法補救

會計組張主任：總數如不超出概算則內部不妨後挪以某部份之餘數補某部份之不足但在各部份未有多餘者務請遵守本身之範圍

主席：廠內道路之基宜在平土工程施工時一併辦為較為簡捷經濟

工務組紫主任：動力廠建築未知最早於何時可以招標

主席：動力廠有關全部工作該項廠房建築應提早完成

112

由土木工程组方面先列缓速发出招标通知不必待核准后方始招标

散会

主席 庄权

纪录 卢泽鏐

程书龙

114

第十四次處務會議錄

地點　本處會議室

時間　廿六年五月四日上午十時半

出席人員

處長莊權

會計組主任張家傑

總務組主任徐震

土木工程組主任梁文翰

設計組技術員呂持平

出納員王文楠　葛世炎代

購置組主任張敏慎　高潔安代

工務組主任榮家馨

主席莊權

（壹）

115

紀錄 程書龍
開會 行禮如儀
紀錄員朗誦第十三次廠務會議錄
討論及報告事項
主席：奉 署長諭邇來本署職員多有身穿制服頭戴便帽者殊屬失體以後各機關長官應轉飭所屬嚴密注意等因以後本廠職員穿着制服務希注意為幸
各週公文辦理情形收文及發文件數應列表於各週廠務会議提出報告
鐵路乃由總務組函催路局速辦
招標及開標經過由梁主任報告
土木工程組梁主任：本廠第一批建築底價經 會部核減後祗為八十餘萬元此次招標結果標價類多趙出底價最低

10

者超出底價百份之四十六考其原因一則以建築鋼料及其他材料
價格上漲再則以廠商估計數量不準確故多浮報現經本組
各廠商報價詳為分析列為三表
一 總價分價比較表
二 單價比較表
三 數量比較表
總價方面以新亨及新金記報價內有雜費一項計五萬餘元
合規定予以減去經本處召集兩廠談話結果咸認本處計算、
數量為正確願意承辦惟須保留於事實上必須增加材料則
廠商有權請求增加討論結果擬總價核減至壹百餘萬元
超出底價二十餘萬元但以建築材料市價日漲於不斷延遲恐
增漲現在兩價最底之二家中擇其尤低者認為得標待擇定
後當即簽呈
處長批示

贰

117

主席：本廠建築招標結果價格超出預算係時間拖延所致
現上級機関对於本廠催辦甚急且若此次再不能決標恐建
築材料價格將來更引增高處此環境之下自以立即決標
為宜至於手續方面則俟辦妥後將經過情形呈部備案
可也

洋灰可已否辦妥

土木工程組梁主任：洋灰每桶據廠商估計需價八元半至九元
現據購置組課查若本廠自行購買祇需毫洋七元半約合
四元餘再加運費等項以每桶七元出賣與廠商總價尚
可減低不少

貯藏洋灰之庫房已擇定但須催一看守人由房主介紹

主席：一切有關招標之未了事項由梁主任從速解決
此次因建築物料漲價已將概算內各項經費增加由会計

118

組報告已列增加之各項目

會計組張主任：此次修正概算內於建築及機器方面費用大部份均已增加，計廠房建築費增加百分之四十五，庫房及總務所建築費增加百分之四十，其餘用至重較少之建築增加百份之二十，砲廠經費無增加，機器及槍彈兩廠經費增加百份之二十，其他設備如煤氣及電信設備費用增加百份之二十以上

主席：此次概算雖已增加，籌了方面當可便利不少，但各項機料價格仍有繼續增漲之勢，希各主辦人注意先擇重要者購定為宜

本處概算已辦竣，應由會計組從速整理，準砲廠經費修成品未報價者應趕辦，增加工資應說明理由，不得漫無限制，由會計組電知駐準辦了廠限本月份將修成品從速報價，並說明增加工資理由，否則即停發運輸費

叁）

104

119

周會計員克功赴渝整理会計有關報告

會計組張主任：彭会計員曾有報告來廠據云各種材料之記帳已辦理妥当至於以前之材料帳目則整理尚需時日

砲廠工作並無一定所有經常支出難以預算本席擬於最近期間內加以整理

主席：砲廠經費固難預算但並非絕對不可繼盖砲廠工作主要者為試造新砲其費用可預為估計試造新砲如有餘力則可修理舊砲依此標準則渝砲廠經費支出亦可造一預算

関於渝砲廠經費如何報銷由会計組擬就妥当辦法

株廠之醫院建築極感需要但用人極感困難前有依克倫先生願來本廠担任此項工作議定月薪四百元在未到差前每月津貼車馬費壹百元至於聘任方式由人事股擬

120

議辦理

駐株辦事處梁主任建議以抽費方法貼補駐株辦事處開支由会計組核議辦理但須以簡捷切實為原則

下星期處務会議由工務組提出議案

工務組業主任：砲廠及動力廠[建築]何时可以招標

主席：不必待会部核准可先行招標俟辦妥後再行呈報備案

公路及鉄路可由梁主任接洽從速辦妥

散会

主席 莊權

紀錄 程書乾

兵工署炮兵技术研究处第十五次处务会议记录（一九三七年五月十一日）

122

第十五次處務會議錄

地点 本處會議室

时间 廿六年五月十一日上午十时半

出席人員

處長 莊權

總務組主任 徐震

工務組主任 葉泉馨

購買組主任 張效慎

會計組主任 張家傑

王出納員文楠

唐委員澤宗

徐技術員鍾常

呂技術員持平

123

部技術員餘涵

主席 莊權

紀錄 陸寶鑾

開會 行禮如儀

紀錄員朗誦第十次廠務會議紀錄

討論及報告事項

總務組徐主任：茲將應報告之事項及應加討論注意之事項
分別具陳如次

甲、應行報告者

一、本廠第一批建築工程決標後已與得標人新享簽訂合同報部備案之呈文正在廠長審核中

二、第二批建築工程已繳押圖費及圖樣費者計有七家

三、本廠呈部撥派員往滬拆取槍彈廠火磚運株應用

108

124

已奉 令核准，昨已派定張嘉寶往沪，日内可出發

四、株洲各站電台報告電動發電機損壞，據經本廠函請

總台退發新機，准復已飭該台領換

五、建昭建築師事務所寄来401號廠房圖樣兩套，已轉土

木工程組審核

乙、應行討論者

一、董家塅鐵路支線自大方田至唐家灣一段軌道尚未鋪

設，電話信號及五里墩岔道設備亦缺，本廠於冒去六日曾

有公函致浙贛路局，本月五日又去一電，迄未得復，現在第

一批建築工程即將開工，此後應如何促進，擬請討論

二、昨日駐株辦事處工作旬報謂「本旬鑿井工作停止，擬另

找水源」等。次會議时 廠長言為不得水源，对於開鑿之井似

当設法利用，此後似應令駐株辦事處將鑿井之地点及

貳

詳情究竟如何呈報以便設計利用

三、前呈署請轉呈部行文湘省政府派兵擔衛林廠除已奉署令飭前并向署方録得原文此事似應通知駐林辦事處就近與該處駐軍軍事長官作相當之聯絡庶幾緩急之際可得其用

四、本處公用汽車近奉署令核准在二十四年度經費節餘項下開支汽車須送軍事交通機械修造廠詳細檢驗填具証明書呈核但此車購置後已用過一年且終日使用極為疲勞故此次送驗尚須先行述明緣由此後似宜節省使用時間俾不致易於損壞對於借車一事是否可以一律停止請共討論

主席：關於董家塅支線事宜再電催湘贛路吳局長速辦一面通知梁主任就近前往接洽

126

徐技術員：震旦鑿井情形最近來據詳報大約似在二百公尺餘甚少出水希望據地質調查所報告預擬鑿井多處均不能得水現中華公司派員在彼探水結果亦難逆料又震旦要求再在他處試驗其試驗費在規定之三千元之内不請求另加可否准予照辦請討論

主席：須令駐株辦事處將鑿井探水情形詳細報告來處再行核奪

總務組自本星期起應將各處收發文分門別類統計列表藉覘各部份耗費力量之多少事業進展之情況免致或緩或速失去聯絡

請工務組報告工作

工務組榮主任：工務組工作預計分三期進行第一期為工廠設計及訓練人員第二期為招募工人及設計工廠處理第三期為安裝機器現所辦者為第一期工作關於工廠設計者分選定機器規定廠房

叁

尺寸劃定廠房位置等三項選定機器情形分陳如次
製砲廠所用者第一批訂購之工具鋼及測量儀器已運到又託柏林商奇慶訂購之機器四十三部已陸續運華至本年八月可到齊第二批機器約計一百部正託商奇慶詢價傳動設備如地軸軸領掛腳角鐵皮帶盤及帶等尚未詢價鎗彈廠有新添機器一百〇三部已向普爾泰及上海機器廠訂定於本年十月可交齊傳動設備除皮帶角鐵外亦已訂定電動機十只正在詢價
二公分砲彈廠機器設備全由商奇慶設計訂購機器廠所用之第一批機器計工具車床七十部已向上海順昌訂定本年十月可交貨烘火炉九具試驗硬度機一具熔銅炉二具氣壓機一具業已訂定第二批機器共約八十部及測量儀器鹽炉等在詢價中尚有零星工具起重機尚未詢價
動力廠所用者發電機及鍋炉於去年九月訂購本年九月可交

128

贷兹拟设备仍托商李处选购
至于训练人员部份已派马运后张石泉赴宁厂枪弹厂实习
将来担任管理枪弹较量方面李维逊赴宁厂样板厂实习
将来担任管理制造工具方面徐步堂赴巩厂焠火所实习后再
转宁厂焠火所及百水桥筹备处焠火所实习将来担任管理
工具焠火方面方仪赴首都电厂实习后已转赴清华大学动
力厂六月间再转巩县兵工厂动力厂将来担任管理锅炉及发
电机方面方炳盘赴戚墅堰电厂实习再转建委会上海电机
厂实习将来担任管理输电线路及修理电动机方面
主席：工务组对于工厂设计方面大致已可告一段落现所宜注意此后
如何招募工人及规划教工办法可先统计各厂需用各类工人数目
规定技能精粗标准以为招募之张本现兵工署已拟训练工
人计划请紧主任向制造司接洽以便将来自用其不敷数目

113

由本厂设法训练多人，令该厂被革旧工人务使不得羼入，以免受其不
良影响，并要须改工办法，本厂可参照使用
工务组紫主任之意，对于格务工人事权及该厂房建筑及购置机器等事略
有端绪，即行进行
余技术员、本厂长合赴上海建明建筑师事务所接洽设计建
筑图样，并宜经与该所负责人商定一切原则，动力厂所应负
政务点均拟照该所派员张惠义工程师在京时所定办理原
项进　厂长谂由该所酌定估价单表格均在赶制，本星期五
可以送到，同时请兵工署转部稿缓发
第一批建筑新亨即可签订合同
主席之现拟厂务项建筑工程应即急速进行，以免贻误时期，而
物价逐步上涨，招标决标各事均以及早办理为宜，故应备文
呈署转部说明理由，请求准许本厂相机便宜行事

130

散會

主席　莊權

紀錄　陸寶齡

132

第十六次處務會議錄

地點 本處會議室

時間 廿六年五月十八日上午十時半

出席人員

處長 莊權

總務組主任 徐震

工務組主任 葉彩鑾

購置組主任 張毓楨

會計組主任 張家傑

駐滬辦事處主任 陸君和

唐委員 漢宗

徐技術員 鍾常

邵技術員 毓涵

劃

116

133

王出納員久耕
主席莊權
紀錄陸宝齡
　　程畫乾
開會行禮如儀
紀錄員朗誦第十五次廠務會議錄
討論及報告事項
總務組組長報告：上週本廠重要事項有下列六項：
一、第四批建築工程圖說已奉　部令核准並核定底價為貳拾貳萬捌千肆百伍拾捌元捌角玖分
二、第二批建築工程奉　部令核示各點已修改申復並訂期開標，決標議罷轉呈　會部派員監標
三、雲旦鑿井工程已電駐桂辦事處將最近情形具報尚未據復

117

134

四、製造司函知濟廠備用沪廠機器除碎頭四進沖尖機器鉛
心四連機各二部尚須留用外餘先繳還
五、駐漢辦事處電告現款僅存千元請速匯四萬應用
六、電機製造局請將董家堤支廠建築完成尚未得復
至上週廠長囑辦收發文號行業經遵照辦理覺尚不甚適用
兹又擬具文件分類摘要對照表一種自下星期起分送填印一份
表式請鈞審閱
主席：我廠第一期建築工程即將開工應再電湖南省政府
催請將出路建築完成關於鐵路支線已一再函電路局速辦
迄未得復兹派徐技術員經常赴杭接洽查明何故延不完成
辦收發文號計其用意在備致各事已否辦理結果如何以免或
有疏略延誤之處其不重要者自無須列入又通令通則本條之重
要者除循例以通知發通知外可在會議時提出報告

貳

.18

順昌機器合同至今尚未改正應請工務組趕速辦理濟南廠款留用泸廠一部份機器如何處置

工務組葉主任：已函請製造司轉知濟廠務於十月底前歸還俾便與新機器一併運株裝置

主席：本處對於錄用勤務向欠嚴格亟應改進庶務應即訂一錄用標準將體格年齡知識等項一一明白規定嗣後添用勤務必須先予考核合此標準方可錄用現已在處勤務亦應補行考核並設法訓練

本處現有事業可分為籌設新廠及試造新砲二部份而試造新砲事之艱鉅固不在籌備新廠之下蓋往昔上海遼寧西廠雖均有造砲設備但已停止多年現株廠造砲可云重整旗鼓設備之修整與補充人材之招致與訓練均須從頭做起因於試造新砲之實施本處由陸主任在渝負責同渝辦事處將砲

136

厰接收後先予整理工作效率頗見增加此為駐滬各人努力
之結果現試造材料已到三分之二，試造新砲事自應急速進行該處應
有整个計劃以期計日而觀功在技術方面尚缺何種工具何時方能補
充齊全技術員及工人是否支配妥帖可能各負其責可能於工作中獲
得相当訓練在經濟方面須有整个概算現在支出經費是否甚
為經濟在时間方面須計何時可以造成凡此各点該處過去頗少
報告故本處特電派陸主任來京請即席詳晰報告
駐滬辦事處陸主任：駐滬辦事處自奉　令接收滬砲廠所有接收各
宜因点收材料半成品在製品等手續繁多至四月間始克竣事
滬砲廠之工作可分修理舊砲及試造新砲兩大項修理舊砲工作截
至四月底已修成一百二十門在修者七十九門其中四十門即將完工待
修者八十二門至於試造新砲可分四点言之一為製造零件零件圖
樣經哈維曼修正後共有四百餘種已陸續造成十餘種現[illegible]砲

叁)

120

137

材料已到自應趕速製造但圖樣尚未完全應請工務組轉催哈维曼即刻發下 二為修理機器廠內機器須加修理者共一百四十七部截至四月底已修竣六十八部均為工程較大者尚有七十餘部因正在應用須至適當時機方可修理工程均不大 三為製造工具已製普通工具四十三種特種工具十餘種待其餘特種工具儀器運到即可敷試造之用 四為修製砲車已完成者十九輛在修者二十二輛待製者十六輛因係手工作品故擬招商承包

炮廠修砲能力以前每月可修三十門現在可修二十門將來試造工作加多減至十五門

工人現有二百八十餘其中二百人為精工有多年之製砲經驗八十餘人為普通工工人施用測量儀器及看圖等技能尚須加以訓練過去因房屋太少無適當地點尚未實施訓練

121 120

138

修械應領經費為十九萬尚未具領每月支出最少二萬一千元最多二萬八千元平均二萬三千餘元以前辦事處工作及經費支出情形未能詳細具報自屬不合現工務組已規定月報表式嗣後當按月填報至職員工作分配尚請處長指示

主席：頃陸主任報告漢砲廠過去各種工作尚非試造新炮整個計劃陸主任應即與哈徐曼商定試造整個計劃務求自動推進不可處之被動過去缺乏整個計劃之缺點現在應謀補救以前各廠因於計劃不宜多備查領工具為製造不能精良之癥結漢砲廠必須矯正此習凡技術之事應由技術員負責至於經濟一節前因技術人員兼辦會計等事頗多困難故派員前往整理但經濟支配之權仍由主任操之該廠經費支出是否完全適當主任應負責任

肆）

139

駐滇辦事處陸主任：滇鋳廠每月支出除工資材料外雜費祇三百元左右未敢稍有浪費修械收入每月約有一萬二千元至一萬五千元收支兩抵每月須貼一萬元詳細數目須回滇後查明具報

主席：臨时加工是否經濟辦法

駐滇辦事處陸主任：此因各部隊託修火砲常派員駐滇日夜催促迫不得已將臨时添雇鍛工鋳工裝配工等事前曾具呈簽核

主席：此種辦法是否經濟須審慎購料如何辦理

駐滇辦事處陸主任：由需用部份填写請購單先交物料科調查如系存貨則交購置科購置物價在一百元以内者指定商號向價購置一百元以上者指三家以上商號開單比較擇廉購置

主席：大批材料應由本處購置組購置自不待言即零星材

140

料亦可預算數量列表報處請購其辦法請陸主任與購置組自行商榷

滬辦事處賬目本月份務必整理清楚

該處文書太差應整頓

山砲改造亦為要予進行情況如何

駐滬辦事處陸主任：已改造就緒擬送京試驗初速後再研究彈道然後送罷

購置組張主任：滬砲廠自購零星物料報銷當然送會計組但仍請報告購置組以便統計

駐滬辦事處陸主任：以前缺少者可補報以後當按月報告

散會

主席 莊權

紀錄 陸寶齡 程書乾

兵工署炮兵技术研究处第十七次处务会议记录（一九三七年五月二十四日）

第十七次處務會議錄

地點　本廠會議室

時間　廿六年五月廿四日上午十時半

出席人員

處長莊權

總務組主任徐震

工務組主任榮鼎鑫

購置組主任張毅慎

會計組主任張家傑

駐漢辦事處主任陸君和

唐委員淳宗

郁技術員鏡涵

王出納員文楠

主席莊權

紀錄 陸寶齡

開会行礼如儀

紀錄員朗誦第十六次廠務会議錄

討論及報告事項

總務組徐主任：上週又係以關於土木工程方面者最多，另有分類摘要討論表可以參考，並擇要報告如後

一、關於機器方面者 本廠借用滬廠機器分別去函接洽歸還後，濟廠復函已於上次会議時報告，現華廠復函亦已到，謂本機可如期檢還，弟届時派員走取。寧廠復函謂除銅壳鑽眼機需借一部外，餘均相符可如期歸還，惟馬達尚須有待。至存上海煉鋼廠之機器已派戚儒業前往洽領，龍門刨床一部。又准煉鋼廠函，龍華廠房事全撥借淞滬警備司令部，嘱速拆運，火磚浇炉已函復請為暫移交該部代為保管，以便事處至相当

144

時間可向該部領取

六、關於株廠工程方面者

甲、築路事項 鐵路修築已派徐技術員經常赴杭與浙贛路局接洽公路修築據株廠來電謂二月後可通車又湘建廳來代電謂據路局呈稱預算增加依其預算本廠應加三萬三千九百餘元之負担連前預算之半數二萬八千六百八十餘元共須本廠担任六萬二千五百九十餘元本廠已電株廠公路可否自行修築需費幾何需時若干今尚未得復電此事急須推進惟尚待徐技術員回京報告及株廠復文到後方可決定辦法

乙、鑿井事項 震旦已搬鐵山十七日開始作第二次鑽探中藥尚未有人到株本廠已函中藥催促之

丙、營造事項 第一批工程備案文已送出新亨於二十號來函

127

145

（貳）

言已訂購銅料並簽合同，請將承包合同內所載係領造價百分之十五付予本處，對其合同尚須改換，未將款付出。第四五批工程已將開標決標日期及遴定接標商呈報署方，並已函知營造廠來處領取第四五批廠房工程圖樣，第四批工程五月廿日招標，六月十四日開標，六月廿日決標，第五批工程與第四批仝時舉行。

主席：盧陵兵工廠來函調借用沪廠機器，其中銅壳鑽眼機祇有一部，因何前原案相差，應請工務組查明。

工務組葉主任：當再赴製造司查明。

部技術員：因於董家壩支線事務，技術員赴湘贛路局接洽後，有報告寄來，略謂該路工務處已電萍鄉詢明工程情形，自大方田至唐家灣已有一股道完成，貨運已可暫時應付；尚有二股道因湘贛路定購之銅料尚未運到，致缺乏運車道

746

一时尚不能完成，又该局负责人谈支线原预算为七万元，厂内添设股道及五里墩设站后之新预算为十二万余元，除已收本厂七万元外，尚缺五万元，须俟本厂将余款寄去即可全部完工

主席：督核徐技术员报告该路局负责人既言缺乏钢料一时不能完成，又谓余款寄到即可全部完工，显有矛盾，究竟将款寄去能否即可完工，必须查询清楚

总务组徐主任：该路局对本厂文电均不置覆，不识何故，本席意见拟再函请该局书面答覆，去函拟仍寄徐技术员赴杭面交，藉便详询一切

主席：可照办

汉办事处陆主任来京已阅一週，关于该处经济工务等项谅已与各组商定办法，自此以后当可顺利进行，免除许多

147

（叁

隔閡

駐滇蔣專處陸主任：關於造炮圖樣材料等事，已由該計工務購置，係經商妥即可濟備，至於關於經濟方面，亦已由會計組商定辦法，要以試造事業為主，而以餘力從事修械，惟廠內人員常有直接向處方作報告者，紛於系統秩序有礙，又人事支配當難全滿人意，有妄為不平鳴者，均請注意。

主席：人員支配得宜，各盡所能，各當其位，不平之鳴自能潛消，私人通信論及廠務，事實難以禁止，做事祇有盡其在我，他人或有言語，可毋庸多加注意。經濟支配應妥定辦法。

駐滇蔣專處陸主任：當遵處長意，將滇炮廠經費分為新炮試造費、炮廠機器修理費、山炮改造費、舊炮修理費等四項，每項分開獨立，而以試造事業為主體。

主席：該廠至十二月底必須造成新炮四門，每門工料費以五萬元

148

計共為二十萬元修理機器費預算五萬元已用叁萬餘元（尚有二萬餘元）可用改造山砲七十門約需材料費六萬元二共二十八萬元為此估計則今後六個月之週轉金略可確定

會計組張主任：查試造新砲所需費用係由本廠建設費負担自不可越出概算之範圍今試造計劃既已決定應即計算所需材料工資計費編製分期預算同時估計所餘力量能做若干修械工作計算其應負担費用之最大額藉資挹注

主席：山砲改造可提前完工修械品之報價應盡六月上旬辦妥各月支出計算書類應儘六月中旬送廠俾本廠得向署方領款以資週轉

有許多可陸主任可隨時與各主管組通信商洽本廠及各組公函查詢各事須隨時答復以期迅捷而免隔閡經辦各事須隨時改查以免或有積累延誤之處

131

149

陸主任：修護品按價及各月按銷售盡力趕辦冀如期送料（肆

部技術員：據報中南燒磚第一次出窯成績不佳今後是否繼續尚有問題如任包商購辦亦有困難之處因近來武漢一帶拆毀街道建築孔多磚料頗為缺乏恐屆時不易採購又恐商人居奇濫價對於工程進展將有影響鄙意本處似宜設法自製或招商承製預為準備以免將來發生困難

主席：此事亦可辦中南製磚機卅餘付本處可購用工具亦無問題但須有適當人員主持其事方可此種人本處可予延攬如彼願接資承製亦無不可但必須確有辦法估料出品價格應較市價稍低

主席　莊棣

紀錄　陸寶齡

兵工署炮兵技术研究处第十八次处务会议记录（一九三七年六月八日）

151

第十八次處務會議錄

地點 本處會議室

時間 廿六年六月八日上午十時半

出席人員

處長 莊權

總務組主任 徐震

工務組主任 葉泉馨

土木工程組主任 梁文翰

購置組主任 張敏慎

會計組主任 張家傑

呂技術員持平

王出納員文楠

主席 莊權

紀錄 程畫龍 張佶和

開會 行禮如儀

紀錄員朗誦第十七次廠務會議錄

討論及報告事項

總務組徐主任：上週廠務應提出報告者分別報告如後

關於機器方面者：

蔣積成六月二日來函係函中分述四点(一)關於二公分與三七公分砲彈製造已訂購之機器因Allen、馬克事尚未解決鄉將廠商均未着手製造至各該廠實習事因此未能着手(二)二公分三七公分砲彈製造應需之機器尚待訂購者為數尚多以照方對於砲彈廠經費以法幣一百卅萬元為最大限度現因能否用Allen付款尚成問題已訂購各機究合法幣若干暫無法可計算或恐已超過最大限度故

153

尚待訂購之機器設法進行(三)Pallet直接訂購之槍彈校量機
二十天內可能驗收(四)高射直力洗床已驗收，兩部其驗收報
告已請商專廠轉呈
馬克沁問題已於六月三日函商專廠請從速解決其他關於機
器方面共尚有三件(一)槍彈機構板已於六月一日函請百步橋
研究所代製(二)七十公分實體測距儀及說明書等統由光學
器材籌備廠送到(三)百福洋行運滬炮內等件本廠於七
日已函駐滬辦事處請向海關證明驗收
關於土木工程方面者二
(1)鐵路工程：公路事已電湘建所催促並匯去壹萬元，六
月三日本廠接新亭來電言公路請鋪半邊並請搭橋一座，本
廠即於六月三日由總務組函駐株辦事處請速向路局接洽
並將湘建所代電及新亭來函錄有抄寄，並於五日又電

貳

135

154

湘建所催促想此事当易解决

铁路事已于六月一日函请浙赣路局并汇去三万元促该局于一月内竣工现尚未复文

(2) 造砖事据联办事处一日电称制砖因土质不佳改订壹百万之数无力交齐但四日又来电称砖已出五窑将坏共约五十余万块现中南已停止制坯拟凑足壹百万交货再候处令进行现在已由处电中南经理来京接洽候接洽后再定办法

(3) 凿井事据株处三日来电中华侨级于一日赴株二日运机四外百井冲等处试验

(4) 河道据株处五日来电称河四日凿通五日开始修理候军部验收后即放水竣工

(5) 房屋建筑　房屋建筑来函云业权状第二批有久泰

155

錦記第四五批啟六合公司仁昌營造廠第四批啟剩湯

關於修砲造砲方面者

(1)代九十八師修竣之山砲五門除將一門繳還該師外餘四門繳金陵軍械庫

(2)改造之砲本廠於六月五日函技術司請派員會同試驗

(3)關於造砲事已於三日派哈維曼赴漢籌備七、五公分野砲兩十公分榴彈砲限十二日初須先造成二門及其附件隨時啟裝運

孟鍵炎

本組提案

(一)新自訂購之貨品已否核定此事應請土木工程組逕行審查明白答復該組

(二)漢廠自接收至今所修理及改造之砲擬請廠長飭令填具一表存廠備查以後每半年須填報一次

(叁)

-137

土木工程組梁主任：本處槍彈廠屋頂設計尚須修改故新廠送來之鋼料定貨單一份未能予以核定且該廠業務經理之簽字式及文字手續欠妥現已電令該廠經理即日來京商定辦法並解決各項問題

主席：建築鋼料尺寸與計算單位應一律改用訂購之材料應由本處嚴密審核是否合乎本處需要

槍彈廠屋頂設計可會同工務組詳細討論

漂砲廠修砲鏡計畫表由工務組楊特查明填寫

中南公司楊經理來京商討燒磚辦法由梁主任報告接洽結果

土木工程組梁主任：中南公司在株裝置五窑出磚五十餘萬塊除左方冲之窑所出磚塊尚可應用外其餘均不能用且土中往往雜有石質現楊經理提出補救辦法三項：

157

（一）向株洲附近十里内窑户接洽将所出砖块扫数供给株厂
（二）由中国公司在方冲继续烧砖
（三）改良土质使适宜造砖之用或用滚筒机除去土中石块

主席：造砖一项为在株洲建设工厂事业中最感困难之一事，如铁道部机厂资委员会厂均在株洲开辟年来对造砖一事尚未办妥。本厂前由中国公司接洽各项条件若与上述机关相较尚属差强人意。讵料土质不宜，出品欠佳，雨水时来，交货迟延，兹以该公司内部管理不善，出品益劣，出数益少，本厂备不急筹办法影响株厂建筑进度甚钜。项梁主任报告之补救办法第一项尚称妥善，本厂可试办，惟中国公司应继续烧砖供给，至于价格最好维持原价，万不得已则可由中国商呈株本厂，可酌量帮忙，但不能超出每万块百元之数。购置组购置程序第六条稍有修改，本席以为

肆）

40 139

凡購貨品係屬急需而其價值在五千元以下者可由購置組主任簽訂合同但不知报銷時有無困難

会計組張主任：最好仍請　處長簽字

主席：本處概算正在軍委会第二所審核中所有一切問顯本處應切實申復為要

購置組張主任：水泥運到後應交付何處

主席：本處需用者由土木工程組提出其餘全部交南新亭

主席　莊權

紀錄　程書穆　張信和

兵工署炮兵技术研究处第十九次处务会议记录（一九三七年六月十五日）

160

第十九次處務會議錄

地點 本處會議室

時間 廿六年六月十五日上午十時半

出席人員

總務組主任孫震

工務組主任葉家聲

會計組主任張家傑

購置組主任張毅慎

土木工程組主任梁文翰

唐技術員澤宗

兼出納員文楠

主席莊權 孫主任震代

紀錄張信和 姚榜元

兩會列記者儀

紀錄員顧誦第十八次廠務會議錄

甲、報告事項

總務組徐主任：上週重要文件以關於土木工程及工務方面者為多，茲分別報告於後

關於建築工程方面者：

(一)新開河道現已竣工，盧鍾協和及株廠來文催請軍政部派員量驗新河，本廠於七月十日亦已累次呈報，但至今尚未見派員，此事急應設法催促

(二)株廠收買之民房，亟應給價，本廠已呈報部，此事亦應催請撥辦

關於機器事項較重要者：

(一)上海機器廠第二批子彈機第三期貨款為壹萬壹千八

162

百元因白藥機器尚未完工故暫列扣除實攤去七千六百元已於本月十一日攤出

(二)往滬廠拆取之火磚及汽爐等以上海煉鋼廠言能兼廠房將由淞滬警備司令部應用本廠去函請其將火磚及汽爐等集發交該部代為保管本月九日該廠有復函到廠已照辦濟南兵工廠所借鞏廠之槍彈機已允交還本月十一日該廠來函請示交還地點本廠已有復函請運至浦口擬借津浦路局貨棧中存放但該處是否妥當保管能否廠審應共討論

乙、討論事項：

廠長提出三事請討論

(一)關於值日事：為逢星期日輪值者均以不得休假為憾茲擬改定凡星期日值日人員准於在下星期一休假一日以資

163

演劇不知有無窒礙

（討論）總務組程先生：如決定在下星期一日休假，倘該日工作特多不能離職，擬如何補救

（決定）徐主任：嗣後凡星期日輪值者，准其在下星期內自擇公務較閒之日休假，並登記 屬應按施行

（附帶提議）總務組程先生：（一）值日時間可否提早改為上午八時起至下午九時止（二）值日通知照例在三日前發出，可否改為先一日發出

（決定）徐主任：此兩項於實際上均感便利，於公事上亦無妨礙，可以照改

（二）提請棟廠設計建築事：此點應請土木組梁主任加以說明

土木工程組梁主任：關於棟廠建築工程分批招標及開標似有流弊，現除第一、二兩批工程不加更動外，所有第三四批决定

（貳

164

工程均撥全部调整並將批灑廢除以概算及工程性質相當者合併招商投標以免糾紛之弊

（决定）此事已請得廠長同意候土木组依所定計劃進行

（附帶提議）工務组業主任：材料庫及動力廠在全部工程內最為重要擬請土木工程组酌量情形提前建築

（决定）此事因係整个計劃須請示　廠座核辦

（三）關於運輸事務應如何辦理

（討論）購置组張主任：照新編制為運輸隊運輸股之组織以後運輸事宜可否即由本廠派官佐二人担任之

總務组徐主任：照現在編制恐無人可派

購置组張主任：最好在廠內指定兩人有事則令其專負運輸之責無事則仍在廠內服務惟待遇須酌量提高或逕由張排長劍操常川駐渝負彼方全責本廠運輸事宜則另在司

145

165

由中擇總交際及寫作共担任之

（決定）孫主任：候呈縣屬座核奪

散會

主席莊權 孫主任震代

張信和 姚榜元代

紀錄姚榜元

146 14

兵工署炮兵技术研究处第二十次处务会议记录（一九三七年六月二十二日）

167

第二十次處務會議錄

地點 本處會議室

時間 廿六年六月二十二日上午十時半

出席人員

處長 莊權

總務組主任 綠霞

工務組主任 榮紹馨

土木工程組主任 梁文綸

購置組主任 張毅慎

會計組主任 張家傑

唐技術員 溥宗

呂技術員 特平

王出納員 文枏

主席 莊權

紀錄 姚榜元

開會 行禮如儀

紀錄員朗誦第十九次廠務會議紀錄

甲、報告事項

總務組

徐主任：上週應報告之廠務係以關於株廠建築工程者為多，今將該廠工程之可告一段落及尚有問題而急待辦理者三種分別報告之

(一)可告一段落者：關於鐵路方面據湘贛路局來函言匯款三萬元已收到，工程當趕速推進，本廠又函該局派專員在株負責而駐株辦事處接洽進行，方宜最近又電詢該支路何日可完工，想路局疊得函電自必從速修築，此事當可告一段落

169

(二)尚有問題者：如鑿井尚未探得水源燒磚又雖株廠於十九日電告信大於十八日到堀視察謂可不日來京但究竟有無把握尚難逆料又公路事雖於十九日又電湘建所催促能否如期竣工以資應用亦尚難必此皆尚有問題者

(三)急待籌理者：關於鎗彈廠全部工程（即第一批工程）十五日署方轉下　軍委会指令該法改正申復公文應從速办簽再對於提前建築材料庫及照整全部建築工程之工作亦急需籌理

除關於株廠建築事項外尚有兩事應加注意

(一)關於機器方面者：據十九日津浦路局來函言浦口貨棧貨滿不能借放鎗彈機將來滿廠機器運來如何設法安置應及早籌劃（本廠於該項公文曾注意見謂如果一時借不到放置場所可暫勿運來俟株廠材料庫築成

170

後勤運附業報告以供參攷另尚有其他辦法俾可從長計議
(二)十六日 照方訓令查明以前陸海空軍總司令部迄本年六月底止各部隊機關送修鎗砲及砲彈現存廠中修竣而待修各若干造具清冊等案呈核此事亦應趕辦其他尚有通飭公文係已於上週公文對照表同時送各組閱看本席意見本處之聯合會議即由此通飭公文之用意相同惟日期不在星期六此似無關得失至今顧問講演等事本處顧問各有負責籌辦之實際工作似不適用至其中所言之方法本處當送付研究似可於本處聯合會議中行之 (貳)

乙、指示事項

主席:本席有數事提出應請關係各組注意照辦
(一)新河驗收事:此事已轉送軍委會審計所不日可到處在驗收以前各項手續均應辦妥請土木會計兩組注意

150

171

(二)建築材料庫事：該庫自應設法趕築，惟由新亨橋洽辦結果未
何，請渠主任報告
土木組渠主任：已由新亨橋洽商，估計約三個月內可竣工
(附帶提議)總務組徐主任：濟廠機件到京後可暫時運往武昌
庫房內存放，惟須先去函詢明
(三)槍彈廠全部工程一事，請土木組從速申復理由呈署，否則
將發生其他之牽動
(四)修砲課查：此點方已有出品，催促本廠對於漢陽砲廠方面
械可就接收後將修數量調查報告，請總務組先函該廠
查復，以憑轉報
(五)請購單總由一個機關辦理，請購單應填寫明白：(一)請購人(二)請購理由(三)用在何處(四)應列入概算中
所屬項目，字須寫得清楚。此事關於整個工廠之實施備

叁)

151

現在不嚴格注意將來發生紊亂趨勢必重下一番整理工夫

於事業進展上增加無謂阻礙

(六)電氣及暖氣工程如何辦理事、上項工程計劃及舉辦情

形請工務組營業主任及購置組張主任分別答復

工務組營業主任：關於電氣工程大部份所需材料擬由本廠計算

購置組購辦，小件則由包商採購，並將全部人工包出

購置組張主任：暖氣工程已交慎昌洋行計劃

丙、討論事項

主席提議：

(一)運輸隊之編組問題：購置組已擬定運輸辦法，本席並

與該組張主任詳細討論關於以後運輸事宜擬由駐株辦

事處工程隊負責兼理各項費用即在該隊經費內開支

(討論)會計組張主任：運輸隊倘附隸於株廠工程隊內則恐該隊

173

經費多耗於運輸方面應否另定妥善辦法

（決定）主席：本廠之意即將工程隊人員同時養成運輸技能，工程上工作為其正業，運輸為其副業，兩者並不相妨，如因運輸工作繁雜，妨礙工程上之工作時，可臨時添加工夫，如在相當時期後有單獨設一運輸隊必要時，即另行組成運輸隊可也。既為公家節省費用，而運輸事務亦可着手。

（二）招標方法應予修改。查本廠各批建築工程歷次招標，經過廠商投價多超過本廠預算，反覆推總價若其原因，彼此所算之數量不符，是其一端，而本廠價之失去時間性，尤為癥結之所在。緣各批工程設計估價，遠於去歲辦理，而本年開投則於今年到之時，隔數月，物價騰貴，倘仍以舊時估計為準，則廠商投價超出預算，勢所必然。各廠商經一二次之嘗試，寬悉所就，自必觀望不前，如第二批工程投標，竟有

（肆）

新亨新中利源淳合順新重記等五家由新亨標價最低為430,311.86元除當核結果約可減低二萬元外尚超出核准總價七萬元左右（核准總價為348,371.31元）第三批國於材料庫之建築問題雖經董事會討論提前建築尚未奉令核准第四批投標者僅新亨吳仁安兩家開標時以不足法定標數由各監標代表議決將已投之標不拆封退還第五批投標者有新亨利源吳仁安等三家亦以新亨標價最低為178,775.37元然仍超出預算約三萬餘元在此種情況之下投標廠商將日益減少勢至無一願投所以各廠商投價比較新亨雖較為低廉倘由其獨家承包則此項工程之價值與該商資本額相衡是否能勝任而不生其他變化況株廠前途於國防上關係極重各種工程之進行尤須出以審慎根據上述種種原由為謀補救起見祇可

175

將各批工程重加調整，廢除批准撥工程性質之無關，另以組為單位，各組所含建築項目不必通知，俾便於審核及招標，此種辦法似較分批辦法為妥。至軍委會、軍政部、兵工署及建明建築師事務所方面應分別呈報並通知，俾有根據，各項手續並促一月內辦完，最好請渠主任先往軍委會等機關接洽，以免隔閡。

（討論）土木組渠主任：各上級機關業經以私人資格前往接洽，惟軍委會調不合，公務手續恐難通融。

（決定）主席：可由審計所徐科長前往商洽辦理。

（三）關於信大造磚事：此事先請土木組渠主任報告經過情形。

土木組渠主任：因信大要求須以五萬塊磚數包由該公司承做，月可出貨五百萬塊，價格方面紅磚每萬為壹百另五元，青磚每萬為壹百貳拾貳元，而普通市價相較不免過昂，究

應如何定奪

（決定）主席：如紅磚上能設法加塗水泥則可不用青磚而多用紅磚以資迅捷惟價格方面應與該公司交涉最好是資源委員會定價辦理

丁　散會

主席　莊權

紀錄　姚榜元

兵工署炮兵技术研究处第二十一次处务会议记录（一九三七年六月二十九日）

01

第二十一次處務會議錄

地點 本處會議室

時間 廿六年六月二十九日上午十時半

出席人員

處長 莊權

總務組徐主任鼐

工務組主任葉家鰲

購置組主任張敏慎

會計組主任張家傑

唐技術員漢宗

呂技術員持平
王出納員文楠
主席蔣權
紀錄姚榜光
開會如禮如儀
紀錄員朗誦第二十次處務會議錄
甲、報告事項
總務組務主任：上週中應列報告之事項、今就本處、及駐株、駐湘三方面、分別報告之。
(一)本處目下最要之工作、為第五批工程急須決標、第三批工

03

程中材料庫一項，即須提出建築，緣動力廠機器已經沈莘耕
先生驗收，不久可裝運到沪，須材料庫築成，方可放置。第
五批工程，即動力廠之廠房建築，現在材料庫雖已備具，而
第五批工程上週決標會議，会部出席人員以新亨為最低
之標價尚超過底價三萬餘元，雖明知以現在市價而本廠
所定數量核算，新亨標價已屬極廉，猶不肯負責決標，
議決將情形向部（会）請示，以致至今未能決標。
至其他各項設備，重要者（一）最近將前沪廠保管處倖存舊
廢兵器及器材領運本廠，以濟砲廠工房不敷，擬用寮，請飭
飭上海鍊鋼廠保管（二）105號合同所訂鎗彈機及110號合同

所訂尖鑽機及附件已由錢委員積成來函言匯去美金已收
員積成來函言匯去美金已收到本廠已訂機器未能達到函
詢尚須添購器材約四十萬馬克擬大部減去自動設備俟付
備後再告罷電機添月出三、七五公分鑽十萬菱形是否確
須後立再商所訂三、七五公分機是否裝在一廠此事當由工務組
簽後再請將情形報告（四）本廠自動車床一部將到滬已向兵
工署駐滬辦事處函借軍械庫之房存放尚未得函復（五）本
廠系編制雖已頒下因經部核改後實有難於適用之處已
呈請再予修改故尚未實行
（二）漢陽廠來電言修理各機因火砲詳細清冊正在趕辦中亟修

05

各砲種數已分別列表照寄現在表已寄到至鐵廠已修竣
尚未解繳之大砲已於廿日去電飭解
(三)株廠情形：(一)鑿井燒磚兩事至今未能順利據報告疊
次試探多歸失敗燒磚則係大之價太昂不知是否係此
次到株後有無辦法須離以後之消息(二)公路鐵路疊
經本廠向湘贛路局及湘總廠催促事實上工作已在推進中
惟公路近忽遭水淹不免受其影響(三)萍鄉醴陵等處煤
礦已往調查廿三日株廠有函報告此事應由工務組審定
(答復)工務組榮主任：(一)增添月出三、七公分彈十萬發廠事已由
巴方電柏林商本廠緩辦仍照原定計劃進行(二)課

礦車事務需要湘鄉產煤貨樣而駐株辦事處須將萍

煤裝運青京現已退還請其更換並寄

乙、指示事項

主席指示：

(一)商借武昌庫房情形仍由儲組主任答復，儲務組主任已函請駐滬辦事處陳主任就近商借

得後再行報告

(二)建築株廠材料庫事：新亭所開原價業已送廠交由土木工程組詳細審核中再俟庫務編及所須設擬築完成以後因於建築方面比較重要事項並應電知梁主

07

任隨時洽辦又因於發電所決標一事部会出席代表未能負責決標而仍須辦請示手續以致時間延長本廠深引爲遺憾現經由總務組徐主任會計組張主任與審計廳及營造司方面分别前往接洽再看結果如何倘真窒礙難行本廠工程前途殊有可慮

（附第　報告）總務組徐主任昨（廿八）日本席偕同會計組張主任往訪軍委會審計廳徐科長詳述前項批發電所重要情形並將開標決標經過附第申說渠謂部方各問題會方當可通過故令再由張主任赴軍政部營造司接洽

（三）廿年度農林計劃事々據駐株辦事處農林室所擬農

林事業進行綱要及農林事業費概算兩項內容實多
欠妥（一）查綱要所列園藝事業云云各條均未有詳細之
說明（二）經常費一項照二月份開支至一千元之鉅其餘臨
時費支出數目更大此事應由總務會計兩組詳加審核
并請令改正

丙、討論事項

工務組營業組主任：發電所採用鋼料事：據新亨負責人稱建築鐵廠所
需鋼料現有存貨在滬惟尺寸恐不合如准採用存貨則
鐵廠可提前完成（新亨填單原為二百五十天現可縮短為二百
一十天）又此事新亨方面擬由建明建築師事務所商量由

09

建明得存货提出经审查后再定取舍

（决定）此事尚有两点应注意者（一）能用存货为最好之事但建筑时期须切实缩短仍四个半月至五个月（二）利用存货造价不得增高钢料尺寸须经建明负责审核方为可靠可先由荣主任与建明商洽办理后再与新亨接洽

会计组张主任（一）修改本厂收支程序事三节分五项报告俟加讨论

（1）本厂会计事务现应遵照新会计法处理故原定收支程序应依法修改

（2）遵照会计法第三条之规定应将本厂经常费及建设费之会计事务划分故此修改之收支程序有所规定

(3)以前出納之收入款項其手續方面有欠妥當蓋嘗先將款項收訖後始通知會計組編製收入傳票登帳此次特予改正凡各項收款應先通知會計組編製傳票登帳後交出納人員依照收款於此則掌握組織方面可較完密并合於推行之會計制度

(4)根據一年來之事實經驗將原收支程序不符合處加以修正

(5)前程序之條文眉目不甚清楚故此次酌予整理之

以上為本組修改收支程序之大意特此报告并希以後各組注意凡一切收支事項發生應即通知會計組先行記錄然後由出納執行收支

11

（讨论）总务组（王出纳员）：因前土木组接据商缴费未照修改办法办理应请会计组与土木组商定后实行

（答复）会计组（张主任）：已与土木组拟定办法

（决定）主席：出纳手续照以前办法原欠完密嗣后凡款项须收支事宜由出纳员办理而一切凭证须先交由会计组查核记帐以资审慎并符合法

（附带询问）主席：照规定两星期内会计负责人员应查出纳员库存一次现在是否实行

（答复）会计组（张主任）：以前规定每月至少查库存两次照点未能切实遵行缘因前组事务繁剧照兼顾且以主持出

納人員甚屬誠實可靠亦曾數次檢查毫無錯誤故未以通常規律相限制以後當切實遵行

(二) 汽車用油數量超過定額事：本處所有汽車弍輛除處座乘車油費不致超過定額外每組公用之車每月用油越出規定數甚鉅能否另行補救

(決定) 總務組：係主任：近規定每日午刻退值送業主任回寓後即令司機將汽車停於榮寓候上值時再駛回處內每月津貼司機午膳伙食費洋四元以此一月可省油一加侖油費開支當可減少也

(三) 本處公餘及例假同人等可以借用汽車惟同人須出

油费但以每加仑十二码计，而车实系车每只八码，需

耗油一加仑以后，似可更定办法。

（决定）主席：汽车费用决须开源节流，由总务及会计

两组商订办法。

丁、散会

主席 庄

纪录 姚精元（印）

14

第二十二次處務會議錄

地點　本處會議室

時間　廿六年七月六日上午十時半

出席人員

處長　莊權

工務組主任　榮泉馨

總務組主任　徐震

會計組主任　張家傑

購置組主任　張敏慎　高際安代

唐技術員漢宗

15

吕技術員持平
王出納員文楠
俞技術員秉政
主席 莊權
紀錄 姚樟元
開會 行禮如儀
紀錄員朗誦第二十一次處務會議錄
甲、報告事項
總務組組長徐專任：本日應行報告之事具列如左：
關於機器銅管電爐火藥等項：

(一) 謨送單廠之冷鋸機已由協商運輸公司運漢、、

(二) 標準樣重機銅殼絞量機護照已由署方發下運動磨床護照及鉻鎳銅管等運輸護照並已呈署請發

(三) 沈華耕來出報告發電機及透平機已於十月初完竣鍋爐全部已裝快輪運滬

(四) 火藥六百公斤已由兵工署駐滬辦事處請其運送來京到京後擬存金陵庫已呈署轉請飭知并請須發運照

(五) 署方轉到軍委會令本處訂購電爐十架須補呈圖樣以憑行核辦現圖樣已否繪好請速辦妥呈署

關於修砲造砲事項：

17

署方自六月廿日至七月三十日連有四代電到處綜合電文所言可分四點(1)改造之山砲、重心微形偏後且費時甚長令不須改造速將原砲徹底修配完善(2)修竣大砲即日解署(3)在修者從速趕修(4)待修山砲十二門由粵兵工廠派員至漢領取本處前已電知漢廠

關於株廠方面事項：

株廠方面鐵路公路進行甚為順利據昨日株處來電鐵路十二日可通車公路亦有辦法惟燒磚事雖與漢口輪窯聯合會及株州各窯有相當接洽外似以漢口運費過昂株窯價格又高尚未決定鑿井事以百井冲為最後之試探如該

廠無望，唯有用自來水管取水于湘江之一法。其他較重要者：(1)株廠來電土石方遠運除按規定運堆指定地點者給價外，餘概照合同規定給價。(2)株廠槍彈廠工程事，署、储會令核示各點已於六月艽日申復。(3)新章請付造價百分之十五，已電詢署主任是否可從，今尚未得復電。

關於通飭事項：

(一)六月廿日署方令知公務員飛機搭續征一年。

(二)署方令催填全國兵工技術人員調查表，擬由本組程組員會同工務組楊技術員辦理。

主席：今日徐主任所報告各點，覺有數事極可注意。

(一)鐵路通車事，據駐株辦事處微電稱：刻正在五里墩挖土安設岔道，並定本月十二日通車。此事深可欣慰。蓋鐵路工程自去歲議建以來，幾經交涉接洽，迄今始底於成。此於株廠全部工作之推進裨益殊匪淺鮮。

(二)公路建橋事，事照果重任支電所稱，擬將橋工款抽出，仿照路局承包辦法，直接由本處墊款發給，不會將橋樑收回自做等語。此事實可不必與湘建廳計較。現擬電詢果重任橋工究需款若干，由其估計報處，以便將款項匯交湘建廳轉發公路局作建橋之用。並可省卻將來之糾葛。

(三)造磚事，事果重任已將接洽情形電處報告，內容約分三

項亦擬復電由渠決定如何進行

乙、指示事項

主席指示：

(一)修改各組送判公文事：查各組公文送交本席判行時遇有舛錯本席或將稿上文字修改或將原意予以更正判畢發送恐各組未加閱看對於如何方針仍不免有所隔閡以後請總務組主任凡遇本席更改原意之稿文判後似須送交原辦及關係各組詳閱再行繕發

(二)公文收發手續總務組業經辦事員已擬具詳細辦法甚

21

為妥當此後各組收發之文當可趨於機械化以異方面時採行此項方法現收發事務既經業已定有規模可另派階級較低之人接替業務則令其擔任他項工作此事請徐主任酌辦

總務組徐主任：擬俟本處新編制頒行後再作整個之支配

（三）補正紀錄員疏漏事：查舉行處務會議時各組如有繁複之報告或提案紀錄員以情形隔膜不免有疏漏脫載情事為謀補救起見凡遇報告提案之內容複雜者散會後應由原人將詞意摘要錄出交紀錄員參照記載以昭翔實而免謬誤

22

（附帶提議）總務組徐主任：本席之意思，照主席指示辦法實行，改由紀錄員擬具會議稿送各組出席人員會核，總其問題得自行呈判，庶更可審慎。

（決定）主席：可照辦。

（四）柏林商專處代購器材物品，前購置組屢速決定答復事：近據柏林商專處來信稱代本處一切代購各種器材物品，當或稽延未能，致該處無從決定，嗣後應請購置組隨時與關係各組接洽催促，如有未便之事，亦應早日決定函復該處。

購置組高購置員：涂重康組織賢徵照相機，前託商專處代購，猶未經工務組決定答復外，其餘各事均隨到隨復，尚無稽延情事，敬請 主席鑒察。

（五）呈送電爐圖樣及金屬組織顯微照相機事，請工務組唐技術員分別答復。

工務組唐技術員：（一）關於 軍委會批示送呈電爐圖樣事，該項圖樣按照二十六年四月間本處與瑞益吉電機廠所訂合同特約第三條中「……訂立定貨單後三個月內賣方應將各種電爐之全部圖樣及安裝圖樣、製造材料說明及應用方法交與買方……」，本處於接到 軍委會批示時，適值三個月期滿，備置組張主任曾致電

該廠代表請其注意本席於昨晨會晤該廠代表
審勤時亦曾警告按照合同已行過期該代表即允
去信上海總行詢問如其消息當電柏林催促故對于
軍委會批示須俟鈞並去電机廠將圖樣寄到後據予
呈復

(二)關於商專處來信代辦重慶組織顯微照相机事本席
當時將該机式樣及各種附件按照目錄詳細開示以便代
辦本席並將技術方面向本京禮和洋行所詢之價格
抄下一併由辦置組寄交商專處以備參考最近辦置
組張主任謂價目上稍有出入須請示 處座核奪云

六、本席對於此事未參加意見

（六）錫礦運輸事：查錫礦將裝運到潭如何運往株洲

請儲置組答復

儲置組儲置員：在運輸護照未領到以前運送該項錫礦擬將

軍用執照代替以免沿途查驗之煩至到潭所用差船

今日午後當派赴差輪管理所接洽

主席：錫礦到潭由鐵路或由水道運往廠内亦應決定

儲置組儲置員：粵漢路運費太昂鄙意似以湘江水道為宜

惟運到後由株洲或易家灣起駁請予定奪

（決定）主席：先電渠主任詢問後再辦

丙、討論事項

會計組張主任之茲有數事之應提出報告或討論者，臚列如后、

關於報告方面者之(一)近奉　署令轉奉　部令飭編預算分配表，應按核准之編制及現行各種給與以範圍適當分配於各月份，並於某月份如實際需用較多或較少時，則相為挹注調劑，以符事實需要，但不得超過年度預算總數。此事雖屬本組之事務，惟攸關本處整個之工作計劃，特先由本組擬定各項分配數量，分送請各組加注意見，俾資集益而免疏虞。(二)本處經常費會計事務之原來制度，係參照前主計處頒行之統一會計制

27

度所擬訂純以現金為对象之現收現付制現在施行之會計法規定應兼用收付實現與權責發生事項為对象本處自應遵照法令辦理并參酌 署訂之附屬機關普通公務會計制度綱要擬訂一新制度以辦理本處經費會計事務關於各種會計報表及會計科目當遵照会計法令并遵綱要之規定及就本處需要厘訂之又現行制度中採用應收應付傳票使会計與出納完全劃分會計方面於事項發生已有記載而出納方面仍按現實收付既收單制之效而無撥款制掣肘之感並設立財物統制帳以使財物增減保管移轉在會計方面有詳確之記

裁併局監查之根據

關於提請討論者之部方近有命令飭指定專人負責

管理財物各機關請　處座早爲指定

（決定）主席派陳奕辦理

工務組葉主任之添造株洲職員住房事之查運到之大鍋爐本年十月間

即須在株廠裝置一所有技術員司均應派往照料一切可

否另建適當房屋爲彼等住宿之所

（決定）主席之本處在株已購有房屋五所係可供職員居

住實無須再行建造

主席之株廠全部建築工程尚有大部份未能投標急應準

29

備手續並希於三星期內辦妥請土木組與工務組會商進行

（討論）總務組徐主任：土木組自吳主任赴株部技術員因病請假以致工作人員太少前經函請原任技術員徐經常先生來京幫忙迄未得復究應如何定奪、

（決定）主席：該組事務當不能因人事問題而致延擱現請總務組致函部技術員由渠轉函徐經常先生挽其暫時到京襄助一切

工務組榮主任：添招投標廠商事：查株廠各項工程以投標廠商過少致標價無從比較茲擬上海及本京各營造廠外

擬添招漳口廠商參加投標又果主任命之廣東方面熟悉之營造廠亦可出邀加入若合上列數處之廠商來京投標自可多方比較以資抉擇

（討論）會計組張主任：凡未向營造司登記核准之廠商恐不能參加投標

工務組榮主任：可通知願意參加投標之營造廠先向營造司登記

總務組徐主任：各項招標工程擬俟通盤計劃後仿照運動員參加運動項目之辦法限定各營造廠祇准其承投若干建築單位不得任意增減俾免壟斷取巧之弊

31

（丁）定）主席：此事尚須從長研究，由關係各組擬一適當辦法呈核

丁、散會

主席　莊權

紀錄　姚榜元

第二十三次處務會議錄

地點　本處會議室

時間　廿六年七月十三日上午十時半

出席人員

總務組主任徐震

工務組主任榮泉聲

會計組主任張宗傑

購置組主任張敏慎

唐技術員漢宗

呂技術員持平

33

出納員文楠
主席 莊權 榮主任泉馨代
紀錄 姚榜元
開會 行禮如儀
紀錄員朗誦第二十二次處務會議紀錄
甲、報告事項
總務組總務主任：本次處務會議應行報告之事項如左
(一)關於機器方面者：
鍋爐省煤器及管子等本月內可分別到瀘材料庫，未
能即時興工，本處已電駐株辦事處令速建草屋一座

以應急需株方已來電報告計劃進行至向船舶管理而接洽運輸該項機器事亦已以擬妥又請購之電動沙輪及氣壓機已奉　部令准予備案、

(二)關於株廠方面者：

株廠方面近來進行之務以鐵路之路鑿井製磚為最大問題現在此四事只有鑿井事恐已無望餘如鐵路之路上周會議中已經報告製磚之據梁主任八日來電云已覓得泰順行商定紅磚每萬壹百元壹個月可交貨壹百萬塊如以軍部名義曉喻可加至貳百萬塊該行尚有存貨壹百萬可隨時用本處已去電飭令

35

照辦矣

又新寧得標之第一批工程所用鋼料亦已審定第一次應付之款十五萬餘元亦已付出

(三)關於修砲造砲方面者：

修竣之大砲經本廠歷次催促解京亦已由該廠將三七平射砲三門克式山砲六門十年式山砲三門派張劍標押運來京尚有克式山砲十門克式野砲二門均待續解

(四)關於株廠附屬事業：

株廠附屬事業醫院一項極關重要近於本月十日由本組函請醫師依克倫赴株調查當地疾病狀況及衛生

環境并勘察醫院建築地點，待依醫師回京，當有具体之報告到處也。

乙、討論各項

総務組徐主任之時局嚴重應嚴加防範事之近來　署令靈濟橋事变發生，時局日趨嚴重，各机關應嚴加防範，本處方面究應採取何種辦法，請討論定奪。

（决定）除電令駐漢、駐株兩辦事處注意外，本處方面决定防範方法四条，分列如下：（一）值日人員應切實負責在班，除應輪值者外，并請庶務員吳傑在處留守，以資照應；（二）本處之役在退值時亦須经准假方得外

37

出（三）本處大門每晚應提前於九時下鍵派士兵或工役二人宿於此門附近以資警衛再應分派工役夜間巡視各處（四）本處各主任晚間如有事離寓應先通知庶務列表登記庶有警時可隨時傳遞消息

（附帶提議）工務組業主任：株廠方面以後人員日增各種机器均須運往裝置該廠警衛事宜自應縝密計劃以策安全

（討論）總務組潘主任：當地駐軍應設法聯絡應有保護

工務組業主任：該地有一營長梁主任常與往來並經該營長分派隊駐守衛株廠惟一旦有移調前情為守衛即須撤去且不知該營究係隸何部隊

工務組唐技術員：聞係湖南省保安隊擇劉膺古指揮

（決定）將來株廠警衛事宜如何規劃，俟 處座返京後請

示辦理

工務組葉主任：呈送最近單價表事。查株廠建築工程前此所

估單價均失去時間性，不能適用，應將最近調查之單

價表備文呈 署轉請備案，俾便審核時有所根據

（討論）總務組徐主任：呈文稿已辦妥，單價表土木組亦正在準備中，日

內即可就緒，惟本席之意，該稿應先送各組會核加註意

見，再行呈 判，庶求詳審

（決定）該項呈文 處座臨行時曾諭，俟回 處核判後再發，自應

39

遵照

工務組 業主任

二、土木組人事問題及招標事應亟謀解決之。土木組人少事繁，各項工作均不能循序推進。今日部技術員魏逕家長來信稱其子傷寒後患病骨支離，懇請長假休養，可諒。又各批工程調整後急應着手招標，上次會議之決議招廠商參加投標案，兹應設法通知各營造廠，俾有準備。近聞營造司周司長言，營造廠向該司登記者較前增多。本席之意似可向營造司方面索最近營造廠登記表一閱，以資揀選。

（決定）經務組之此事可分三點解決：（一）將部技術員辭職事

徐主任

40

電知渠主任並請迅速物色土木組技術員到粵接替
如株洲方面各事可告一段落似請渠主任回京主持（二）添
招投標廠商事漢口方面聞俞照二員東政較為熟悉
可請其私人去函接洽廣東方面則請渠主任將素識
各廠商列表通知本處（三）營造司方面則由本處去函
請其將最近營造廠商登記表送下若干份俾便查閱
並參量選擇
工務組葉主任之製磚事項頃聞徐主任報告謂據渠主任來電已覓
得豪順行商定價格及每月交貨數量等惟貨品及
質地似應請渠主任注意驗看

41

（答復）綜務組鍾主任：此項由果主任經手必已經過審查本處之意似無問題

（附帶提議）會計組張主任：磚塊每萬塊核定價格為九十餘元，水泥每桶核定價格為廿元，但實際均超過定價，究應如何設法補救

（決定）工務組冀主任：此項續請示處座核定補救辦法

會計組張主任：（一）本處概算，聞軍委會已核定大致，將來地費及拾彈廠機器廠辦公廳房屋之建築費，核減向預作補充砲廠之用，此次批示不日即可發下，本處當可按實情申復

（二）上次會議緣本處報告關於經常費分配予本組曾列表

送請各組傳閱在案茲爲將計劃概況略一報告緣本處以
以人員日增事務亦繁故辦公費用內文具消耗雜支等本
年度不得不較上年度增加但購置費似可略減因上年度
成立伊始一切用具物品等均須置備本年度當較減少也
又本處因工程上之需要應添購大卡車一輛故本年度汽車
費亦同時增加上述計劃情形各位有何意見否

（決定）添置卡車事候 處座返京後再決定請購并用「軍」字
牌照如株洲方面需要時再裝往應用

（附帶詢問）（一）工務組某主任之本處事務日繁新編制不識何日可以頒下

（答復）總務組徐主任之閔新方已核定交 署大約不日可以發下

43

(二)經務組(徐主任)之如新編制實行，以人員增多，辦公室不敷，應如何支配

(答復)會計組(時主任)之照處座之意，暫時來株洲事務日繁，本處人員須逐漸移調該處服務，原有辦公室當可隨之騰出應用

丙、散會

主席莊○(榮主任泉馨代)

紀錄姚椿元

第二十四次處務會議錄

地點　本處會議室

時間　廿六年七月二十日上午十時半

出席人員

處長莊權

總務組主任徐震

會計組主任張家傑

出納員王文楠

購置員陶楧

技術員唐澤宗

45

技術員周駿

主席　莊權

紀錄　姚椿元

開會　行禮如儀

紀錄員朗誦第二十三次處務會議錄

甲、報告事項

總務組徐主任：本次處務會議應行報告之事項如左：

關於本處方面者可分工務會計兩項報告。

（一）屬於工務方面事項之目前最重要者為鍋爐到滬後將起運

本處對於此事已在上周內將各項手續分別辦妥小關稅

書以稅免護照尚未領到故先將免稅保證金壹萬捌千元匯出(2)株處來電詢臨時倉庫應做幾座已於去宥電復動力廠鍋爐及槍彈機合設一處着速建六十公尺長十四公尺闊三公尺高庫房一座務於本月底完成(3)運株辦法據株處及　署方訓令皆謂湘江水淺非以直達不能運須改在株家棚上車轉運到株爲妥已通知籌置員高潔安照辦此本處同時向署張經呈　署請派武裝士兵六名隨船護送已蒙照准此次派高潔安張嘉寶兩人赴滬運送鍋爐同時並將存湘廠警備司令部之大化鍋爐及鎗彈機一併運株又單廠鎗彈機亦將運株已電該處即

47

建築工方面積臨時庫房備用

(二)屬於會計方面事項：會計方面有兩事應請注意，(1)普尔泰鎔鋼機及夾鋼裝置第二期款已匯出，曾於十六日函達華銀行查收見復。(2)本處因株廠工程正在進行，需款至急，已於十五日呈署請撥壹百萬元以利進行。

關於株廠工程者：

(一)鑿井事：昨果工作未完，雖有水源，本處因其微小恐不適用，惟有向湘江取水。

(二)造磚事：已與泰順訂約，預定磚壹千二百萬之中，有一所造磚壹百萬業已交貨，正在驗收。

至與株廠全部建築工程極有關係者尚有兩事：(一)建明一所設計之圖表已由徐修八月十二日前辦妥寄處；(二)株廠向來建築工程之編寫實以營造司方面尚據去年十一月間之單價審核，以致不符事實，在在發生困難。本處近於十六日將全部之工程最近單價造表呈 署轉請備案，此乃解決困難之一大關鍵也。

關於湘廠方面者：

湘廠方面近因時局緊張，各部隊急催索送修之砲，尤以砲兵第八旅十五、十六兩團及砲兵二營之需最為急迫，應付至感困難。來處請示電報絡繹不絕，本處向上峯請示外，並電該廠轉知索領部隊可由各該部隊電 俞部長請示副本 署長

49

銑條兩代電署謂以後各部隊代領砲械在軍情緊急[illegible]
成可一面逕發原部隊領用一面報署備查本處當即轉令該廠知
照此事可否之處

（附帶報告）主席：（一）株廠警衛事：關於該廠警衛事宜前由
本處呈署轉部函請湘省府派隊保護一俟該廠正式成立
當另定警衛方法也

（二）株廠全部建築工程事：查該廠全部建築工程有許多問題
不能解決時間方面又極迫促故本處上次赴滬者為此事前
往接洽現建明所設計之圖表等件已與其商定於八月十一日
以前備妥該所已允屆在趕辦至動力廠所需鋼料事到滬後

50

应详加查询，结果以採用沪地现货尺寸及式样均有不符，仔细核算经价又较向外洋订购为增，而建筑时间最多亦只能缩短一[illegible]，故决定放弃不用。

乙、指示事项

主席指示

（一）催促车床事：前向顺昌机器厂所定车床准于正月底交货，此事请工务、处置两组设法催促。

（答复）处置组（内处置员）：本处向上海益吉洋行订购之车床上所用马达，其尺寸纪录须交顺昌机器厂以便配置传动装置，此事查明似当去函催询。

51

(二)推進土木組方面事務：查土木組因技術員到差不久，各事尚不免隔膜，惟現值調整株廠全部建築工程之際，該組所掌業務至関重要，此項本席報告赴滬興建明接洽，催促情形本處方面自應同時趕速準備，俾各事可如期完竣，倘克生对於組內事務有不能明瞭之處，從可詢問沈俞二員，以資進行。

(三)索閱營造廠登造表：此事請徐主任答復。

經務組：該表先已取得一份，現存土木組，頃又據俞監工員稟，徐主任改向軍需署工程處索取最近之登記表，日內便可取得。

(四)運輸鍋炉及各種机件應予登記事：查運輸方法業經編

52

置组拟定一所有锡炉及机件等运到目的地后对于保管及装置方面均应使该地有所根据以便请业务筹置两组研究一登记办法大意如下：（一）各种机件应用何种符号标明使不相混淆（二）运到后如何装置（三）木箱上应分别编号俾免差错以上三点均须注意并受货及验收应有通知单承办人员务须尽量以明责任此等如有乖误影响极大且各位应一系统上下办事尤须步骤一致不容丝毫紊乱以后关于运输上各种手续等并应通知株洲两方查照

（五）接洽驳船事：请筹置组答复

筹置组
周筹置员：查此次转运锡炉等原拟请拨六百吨驳船一

53

系船舶管理所只允借给三十吨之船二艘，迨起程赴泸时该
所又谓祇可撥借一艘，不料行抵鎮江後因其他軍事運輸上
之急需，調係仍復折回，敌系方實無可設法，當由之爲雇置貨
在滬與航船管理所滬分所交涉，據最近报告業已撥得一
艘三百噸者，應用是否尚能加撥，目前尚未可知
尚呈署請撥款壹百二萬元為進行，如何請會計組陳主任答復
會計組 張主任
署方以此次請款為數較鉅，且如何支配用途度亦
未經詳細說明，現由署會計科通知囑本處立一分配表
隨呈，茲擬根據本處呈准有案而尚未請發經費各項工
程材料可列表由本人送署交會計科參考

（七）時局緊張本處應加準備了之日來華北局勢極為嚴重恐影響所及不僅局部之問題本處方面自不得不先行準備所有各組之文件圖表及計劃書等均予分別開列清單送交總務組代為保管而留底備查至最重要者予抽出用皮箱或木箱予裝置自行保管以備萬一本處消防工作亦應注意

（八）蒲湯礦廠方面應與本處切實聯繫了之查該廠辦了與本處常多隔閡各種報告均有不符了實之處本管理方面亦不免放任前為矯正此種弊端起見曾邀該廠法主任來京復與本處各組互通聲氣並分

55

則接洽應由本處為之，但目下仍未能完全達到。

本席之意，該廠業務與本處各組最有關係者為總務、工務、會計三組，現均由三組會擬各種表格式令飭該廠遵照填報，庶辦事上可獲得切實之聯繫。

工務組葉主任：本處前令該廠填報工人調動表及材料消耗表等，迄未送辦。

主席：以後該廠不能放任，務飭其按時填報。

丙、討論事項

總務組徐主任：（一）造磚事：中南區交磚壹百萬塊，暴露之磚又有存貨壹百萬，本處似乎只需訂購八百萬塊，無需千萬

56

第二十五次處務會議錄

地點　本處會議室

時間　廿六年七月二十七日上午十時半

出席人員

處長　莊權

工務組主任　榮承鏊

會計組主任　張家傑

購置組主任　張敏模

總務組主任　徐震

出納股股長　李家斌

57

技術員周駿
技術員唐澤宗
技術員蔣瓚
主席莊權
紀錄姚梓元 卜集人
開會 行禮如儀
紀錄員朗誦第二十四次處務會議錄
甲、報告事項
總務組汪主任：本週應[illegible]之事項如次
關於工務方面者：(一)小單點五〇廠槍彈機已於廿二日派張

嘉賓前往接洽起運並於同日呈 署請函鐵道部分
飭滬海粵漢浙贛各路撥車並發甲乙兵白執照各六十
張以備應用(2)磨砲管機已由法承祝押運赴漳
關於購置方面共二：(1)與比國沙城電器工廠訂妥電線乙宗
計價國幣四萬壹千弍百元已於九日呈 署備案(2)二
十六日得龔委員積成來函謂二公分及三七公分砲彈圖
尚未索得 ASKi 馬克問題亦未解決此事極應注意
關於會計方面者二：(1)廿六年度支付預算月份分配表已
於本月四日呈 署(2)株安墊繳株洲車站水泥延
期費法幣貳拾元此事頗有問題(3)本月二十四日 署

59

令轉知在京各機關扣繳所得稅表單自□月一日起交由
江蘇辦事處審核辦理
關於本廠方面者：(1)本廠第二批建築工程尚待申復，第
五批工程已與新亨訂立合同，第三批工程雖經 鈞部核示，
以對於底價核減約壹萬四千元之數，且尚須經軍委會
核示，故一時難以進行。(2)公路處據本案來呈，謂路局擬
彙辦工程案已將圖表等交本案查看，所答復本處
詢問各節亦尚合理，本案已於諮會湘建廳詢問八月
底完工有無把握，詳細預算及圖表須送本案查明轉案
呈 鈞部審核。現在圖表等既據本案查明可用，本案擬俟

湘建廠後當到收存匯往重二萬元以資週轉(3)關於廣載

運費請補出第三三萬及　署方交辦材料大部庫存統已

實據交辦理此次吳主任回京當可解決

關於滬施廠方面者：上次處務會議中　處座所提示

之整理該廠辦法今由總務工務會計三組擬具方案分

別提出原則審核簽下

關於人事方面者：(1)本處新編制已核准簽下(2)昨奉

處座手諭出納股事務由王文楠交李家軾接收今日

可正式辦理交接

乙、指示事項

主席指示：

(一)會擬情報格式令傳各廠填報呈請總務工務會計三組分別答復

總務組陳主任

總務組：本組方面亦擬定廠務會議紀錄仿照本處、、會議格式分(1)報告事項(由該廠事務股長担任之)(2)討論事項(由出席人員提案)(3)指示事項(該廠主任指示)三類令該廠每週舉行一次並將會議紀錄呈處

工務組葉主任

工務組：本組方面擬定表格五種(1)散工工作統計表(2)工作件單價統計表(3)修械工作月報表(4)修機工作月報表(5)試造工作月報表令飭該廠按時填報

61

會計組張主任：本組方面擬定表格八種，令該廠遵照填報：(1)資產負債表(2)損益計算書(3)成本計算書(4)成本分攤表(5)成品解繳明細表(6)現金收支旬報及月報

主席：如前須各表與此次所須有重複者，可飭該廠無須另填

(二)洋砲廠情報表關於購料科方面者如何辦理，請購置組張主任答復

購置組張主任：關於洋砲廠情報表，以前本呈送兩份，一份交工務組，一份交本組，現會計組方面需要增加一份，本席之意該表送處後，最好由本組轉發工務、會計兩組，至呈

63

署手續當與會計組妥商辦理

(三) 關於樟廠建築工程本處一所設計之圖表等在八月十二日前是否可辦妥請土木組周技術員答復

土木組周技術員：本組一所設計者祗有營房圖樣兩項現正在趕辦中當可如期發出

(四) 營造廠登記表取到否

總務組保主任：已由土木組監工員俞秉政取到兩份一存總務組一存土木組

(五) 本廠基工程及第一批建築工程進行狀況如何請蔣技術員答復

蔣技術員：第一批建築工程一〇八號於七月七日開工一〇九號於七月九日開工至今尚未開始建築本廠基部份第一批建築工程所在地之墓祠山尚未完全挖平預計整個廠基工程完全結束尚需時日

主席：本廠基工程限期幾天延緩之原因何在

蔣技術員：限期一百個工作日延緩原因(1)新河未開通坿近開挖出之者均不能填土以致挖方運送須延長距離填入二三四區之其深度故費時較多(2)新河工程最大者為穿山部份本廠基工程最艱鉅者應開挖墓祠山因墓祠山須經整個之搬挖手續措施較難惟目下新河

65

已逾，故最近一月內工程進行較前爲速。

主席：協和有否代表在京？前由渠主任與該商之約限期後，工程未完成前，再請該商用書面答復，平整基工程最短完工期限，以後方有根據。

孫技術員：當遵照處座指示辦理。

（六）值日人員不得疏忽事：查上星期日（廿五）土木組監工員俞東政值日時，記事簿上竟將口令記差，如此漫不注意，實不無責任心所致，此事倘在軍隊內發生，必受重大處分。現姑予從輕，着該員在本星期日（八月一日）再行值日一次，此次值日不給津貼，以示薄懲，嗣後輪值人員

66

66

各予務須格外留心不得疏忽推諉

（七）本處建設經費概算亦已奉 批發下自應頒首更改計分九點應請迴係各組分別擬具理由交總務組呈復後就本席所見大意如下(1)文内謂廠址環山可建設之地不過六百餘畝宜少徵無用之地云云查廠址所在自應遠離普通住戶故實際不止六百畝(2)開山挖出石料自可分別優劣用於築路方面(3)槍彈廠建築費減去拾陸萬餘元查單廠建築費雖較本處經濟但本處曾派員前往調查該廠廠房受機器震盪屋頂漱見移動其不堅實可知本處建築力求鞏固故所費

67

當較畢廠爲鉅將來再可以事實證明此點望據情申復(4)機器廠建築費減去叁拾五萬餘元查該廠爲全廠工具所需之總源並補充砲廠機件之不足極關重要事實上費用決不能核減(5)庫房建築費減去貳萬餘元由土木組按實核算(6)辦公廳及總大門建築費減去五萬餘元請總務土木兩組按照人數及辦公桌所佔面積詳確計算據情申復(7)營房建築費減去四萬餘元實際恐不敷(8)暖氣工程減去叁佰萬元查株地氣候冬令亦甚寒冷自應普遍裝置現可根據株處氣象旬報表申復(9)輸電工程減去伍萬元由工務組按

實核算計共減去壹百弍拾肆萬叁千元原令謂將核
減之數移作充實砲廠之用此乃實難辦到總之本處如
經核廠各項工程在在均以撙節費用實事求是為前提
將來結果如何自有事實可資證明希望根據此意
婉辭呈復
而散會

主席莊〇
紀錄 姚樗元
卜雋人

兵工署炮兵技术研究处临时召集处务会议记录（一九三七年七月二十八日）

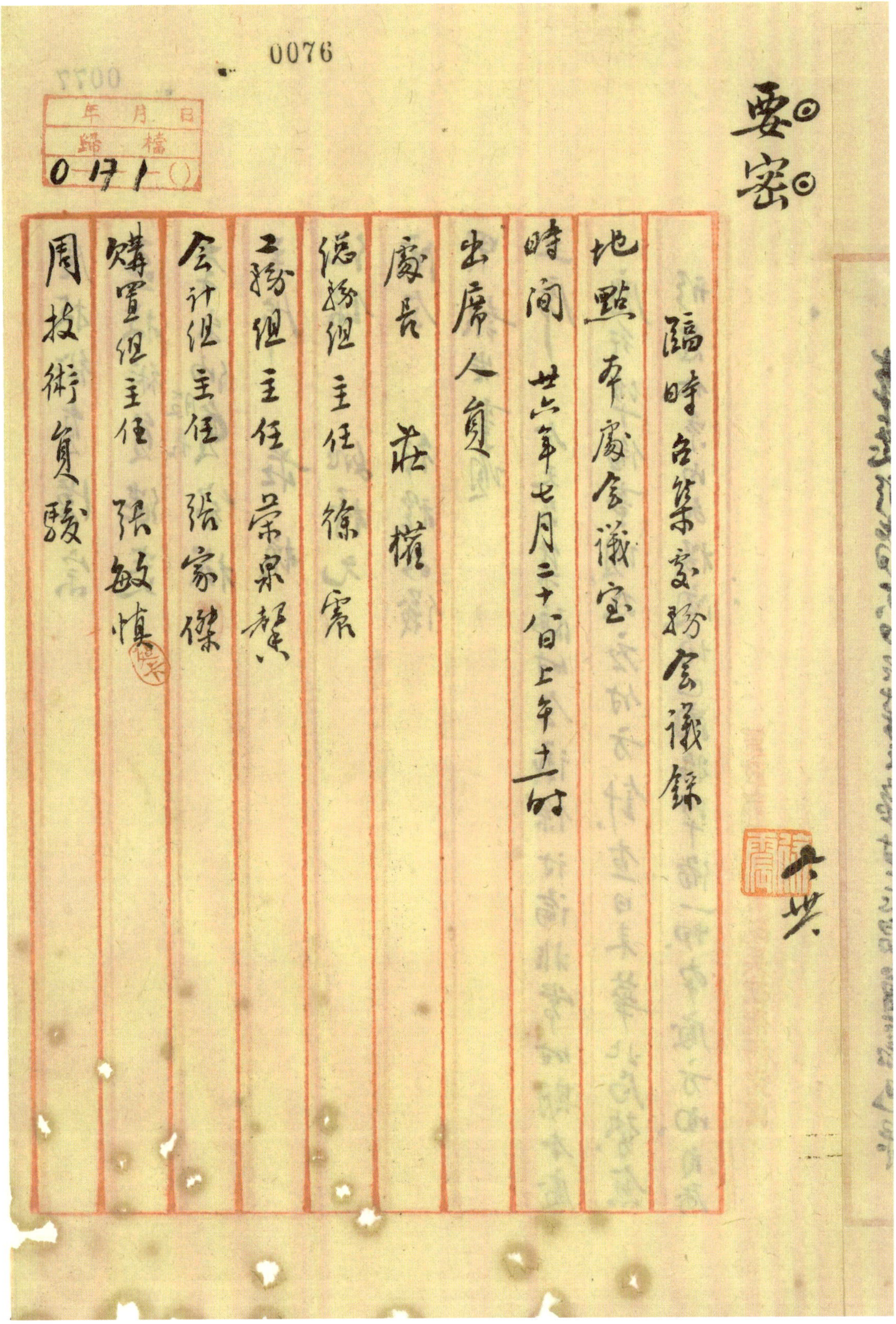
0076

要密

年 月 日
歸檔
0171-()

臨時召集處務會議錄

地點 本處會議室

時間 廿六年七月二十八日上午十一時

出席人員

處長 莊權

總務組主任 徐震

工務組主任 榮泉聲

會計組主任 張家傑

購置組主任 張敏慎

周技術員駿

唐技術員學宗

孟技術員繼炎

李出納股長家栻

主席　莊權

記錄　姚榜元

開會　行禮如儀

甲、報告事項

主席：今天召集臨時會議，係討論非常時期本處應行準備事項及應付方針，查日本華北局勢愈形惡化，京内各機關，均已開始準備一切，本處方面自應不能例外，現請各位盡量發表意見，以資採行。

乙、討論事項

（一）本廠於必要時應遷株辦公事：

（決定）先電駐株辦事處將收買民房之可作辦公及住宿之用者，速予修理，並將臨時庫房趕築完成，以備應用。

（二）株廠警衛及與附近居民聯絡事：

（決定）現仍由湘省府派隊保護，俟到株後再酌定辦法，至附近居民似可無庸顧慮。

（三）本廠在南京方面應否另覓適當辦公處所事：

（決定）南京城內，實無妥當地點，可作本處辦公之用，故仍以在原地不加搬遷為宜，再本處設於南京之目的，原為建築方面與各方聯絡便利起見，必要時本處可全部遷往株洲，照常工作，在京祇須設一駐京辦事處，負責各事接洽之責可也。

（四）漢砲廠應否加緊準備事。

（決定）漢砲廠方面，應密知將圖表等妥為保管，在此種情況之下，所有辦公人員，均應和衷共濟、努力不懈，各事並須嚴守秘密。

（五）材料等應先準備事。

0080

（決定）材料等如有現貨，可儘量購買，以應急需，請工務組注意。

（六）本廠案卷及圖表等，如何保管事：

（決定）（一）案卷應予集中，由總務組嚴密保管。（二）各種圖表，如有用者，應先檢出，寄一份至駐株辦事處，如一旦發生困難，可免攜帶（自燬），如必要時並可將多餘圖表加以燒燬。（三）將經費劃出一部，先行匯株，以資備不虞。各事應於本星期內辦妥，再飭該本處值日人員，尤須注意維持本處內秩序，及臨時發生各項，並請總務組隨時督促進行。

0081

(七)運輸事：

(決定)應指定專人負責（總務採購組）、材料方面、將來可仍由粵漢路輸送。

(八)添雇公役、以嚴本處警衛事：

(討論)總務組徐主任：本處前後門守衛、每日均由庶務員吳傑輪派士兵公役担任之、惟查公役缺額數有、但本處雇用條件、較其他機關為嚴、而待遇（薪餉）反低、故不易雇到。

主席：勤務應設法（薪餉問題）[redacted]使其安心服務、（補救或予以津貼）此事當於本處新編制呈署時同時顧及。

會計組張主任：新編制頒下、與部方批示所有軍需人員薪餉、

軍政部兵工署砲兵技術研究處

0082

~~應核實發給~~因受經費預算之限制,故公役津貼以資獎勵。

(決定)主席:~~最好~~請會計組酌量情形,~~儘先申陳~~設法補救之法。

(附帶說明)主席:此項會議,關係本廠非常時期之重要~~報本~~安置基地,務請出席各位嚴守秘密為要。

而散會

閱

主席 莊〇

紀錄 姚榜元 榜元

01

第二十六次處務會議錄

地點　本處會議室

時間　廿六年八月三日上午十時半

出席人員

處長莊　權

總務組主任徐　震

工務組主任葉泉聲

土木工程組主任畢文翰

編置組主任張敏慎　高潔安代

唐委員漢宗

02

周技術員駿
李股長家栻
孟技術員繼美
主席 莊權
紀錄 姚榜元 卜雋人
開會 行禮如儀
紀錄員朗誦第二十五次廠務會議錄
甲、報告事項
總務組保主任：本週應報告之事項列後：
關於運輸方面者可分三項報告：（1）現在時局嚴重

03

運輸各項極堪注意，上周間有九號及十六號鉄駁弍艘運輸起重机件、自動車及馬達、鍋炉、火磚等赴滬，由怡和家棚上車轉株，此各可告一段落。(2)萍廠槍彈機雖已派張嘉賓往領，以該廠尚須築軽便鉄道方能運送出廠，殊覺遅緩，應設法從速運株。(3)渝廠槍彈机應派人前往洽領，但目下實感無人可派，此各頗有問題。

關於株廠建築工程，共分四項，報告之：(1)第五批動力廠工程與新亨於七月十五日簽訂合同，事業於廿八日呈署備案。(2)芬目電莊亞良詢「廠屋何日可以完成」三

04

十日得渝電謂「本廠基礎工程妨礙建築者首重洞
山二處約卅天可完成餘於他項可處下月底始能結束」
此語與協和報告不符究竟情形如何請即查復報
告又據昨日桂安工作旬報稱雲南足一所測採之水源以水
量不充分停止採測(4)要長卅代電到安略謂在此
時局緊張之際各項工程似宜積極進行第五批工程
及第三批中61號廠房更宜設法趕築本處申復代電
略謂第五批動力廠已簽訂合同呈報在案61號庫房
決以六萬乙千元之造價交新亨承包至其他各批工程因
手續關係坐曠時日如欲急進請明令本處將各批工

05

極准予全權辦理隨辦隨報將來照合同驗收則九月間可將全部工程交由營造廠承包否則全部工程期限實屬無法預計

鈞核漢廠方面者可分三項報告之(1)與漢陽兵工廠交接已將手續辦妥請於日前會銜呈文報署(2)上週處長提示之整理漢砲廠計劃總務工務會計三組已擬具紀錄及各種表式訓令亦已辦妥本日即可呈核(3)漢廠來電請款需多儲砲料及煤以備非常時期之用此事極關重要

鈞核動員演習各項之本處自接署方總務處寄函後

06

經六集臨時會議商定辦法外並由各組分別準備完畢即督飭動員匠當現在佈置組對於重要文件集中已辦妥惟目錄尚未寫出總務方面因公文較多未能立即趕就現由葉股負辦並負責整理俟經本人決定裝箱俟本星期內定當安妥至工務土木會計各組及圖表保管室情形如何請各組主席諸位分別報告

關於本廠消防事項已隨時所有消防器具檢查一遍而覺太少茲已決定再添購滅火彈滅火機等以備不測

乙、指示事項

主席指示：

(一)本處建設經費概算書尚未申復應即提辦

總務組總務主任：頃已遞送各組簽注意見茲以張主任請假故會計組方面尚未擬具理由徵意俟各組會看完畢後當由本組係集主任意見備文申復

(二)整理檔案圖表事除總務組總主任已有報告外其餘請各組出席人員分別報告整理情形

工務組營主任：本組現於選訂機件之重要表單等正在積極整理大約兩天內可竣事

土木組周技術員：本組所有重要圖表均開列清單並裝箱保管不日即可就緒

08

八、會計組：會計組主任技術員：重要各件均已整理妥當，謄寫目錄亦將次辦就。

主席：出納股已有準備否？

出納股：出納股李股長：出股方面並無若何重要文件。

總務組：總務組徐主任：該股重要者祇有職員儲金冊摺及派出人員存處之名單兩種，隨時可攜走。

主席：會計組方面應行準備之事，亦請出納股通知趕辦，此事並盼各組於本星期內辦妥，下週有便即派人運株，至株洲方面應請渠主任覓一適當房屋，並派員負責保管。

09

某組主任：：株地氣候極為潮濕，平時所御衣服每隔三天即須晾曬一次，如各種重要文件圖表遷株後在普通房屋內存放，必受潮濕無疑，最好在山巔建屋放置，以免潮氣侵襲。

主席：：若專為此而建屋，須加考慮。

某組主任：：本席之意，乃遂建一圖表保管室，以資永遠。

主席：：可照办，並請某主任計劃，俟建就後再覓妥人負責保管。

（三）蘇因時局關係，便於探聽消息起見，本署總務組應派人與兵工署總務處隨時取得聯絡，本席之意

10

此項任務可由該組業程兩種股員擇一擔任稍徐可任酌辦

（四）最近漢陽兵工廠有呈文到署謂非常時期防護工作漢砲廠應受該廠指揮之一項　署方以電諮詢問此事究竟本席之意本處雖未接得漢陽兵工廠正式公函通知上項情事但並無關係自可照辦請總務組函知漢砲廠派員參加該廠防護工作并聽其指揮可也

（五）本處新編制業經頒下人事方面當有變動現總務組已將職員任務分配表呈核其餘各組亦希

於一周内調整完畢惟在此時期内各職員遇有升調職會仍應繼照事實審慎辦理不宜一本情感作用致有黜陟不當之弊再事務人員升調因限於級數太少較技術人員為困難但其工作之成績甚佳而限於年資無法升調殊為憾事總務組本此款情形最多希主管人隨時説明俾各員了解此中實情也

（六）整理漢砲廠文件何日可發出請總主任答復

總務組之係主任 約本星期内可發出

（七）鑒升情形究竟如何請總主任答復

計　頁　計　頁　計　頁

12

本組之震旦機器廠最後在百井冲試探鑿下之深
渠主任
尺尤有水湧出但在第二星期内又告涸竭故尚非真
正之水源現已停止工作鑿井亦可謂根本無望

(八)本處向上海順昌機器件廠所訂購之機件茲因時局
關係應商請其提前交貨早日送株

(九)關於機件料保管登記事購置組購到機件放置
處所及機件名稱均應通知工務組俾在有對照並
使於查考如驗收時發生錯誤應由承辦者負責
設計組方面亦希同時注意

(十)裝運機器之木桶箱如何編號請購置組答復

13

購置組高購置員：(1)槍彈廠為R.A.T.自0號至10000號(2)砲廠為G.L.S.自20001號至30000號(3)機器廠為M.A.S.自40001號至50000號(4)動力廠為K.R.A.自50001號至60000號(5)輸電材料為T.R.A.自60001號至70000號(6)材料試驗室為M.T.L.自70001號至80000號(7)兵器試驗處為W.T.L.自80001號至90000號

主席：按此方面如何辦理

土木組栗主任：每一機器進廠均有編號

丙、提議事項

總務組衛主任：(一)運輸用船不敷支配擬船舶管理所務尚須向海軍部商借擬自租用輪船一艘拖駁兩艘詳細情形請高購置員報告

14

購置組高購置員：六十一號船已於六月廿九日到漢，十八號船於三十日由宜起碇，九號船一日開出，約本月五六日抵漢，尚有續到之鍋爐、管子、晉子春槍彈機、龍華廠所存大鍋爐及機器等亦亟待運輸，部意不如租鐵駁及拖船運輸，京滬船舶管理所似能派輪拖帶，可將租輪解租，否則直駛長沙，萬一時局緊張，該輪可備本廠遷運之用。

主席：租船有否限期？

購置組高購置員：以日數計算。

（二）華廠機器須待輕便鐵道築成後方能運送出廠，約須時三星期，不免延緩，再由平漢路運漢，不如由隴海

路運徐轉浦運費較為經濟

（討論）高購買員（購買組）：查平漢路運費在全國各路中最稱昂貴，倘機件到漢，上下起駁，胥惟碼頭扶是賴，而漢口碼頭工人組織極為複雜，要挾需作無所不至，受損必鉅。如由隴海路運徐轉津浦路運浦，直接上船，約可省去車腳式仟元，并免上項麻煩（在津浦路並可借路局起重機一用）。

（決定）主席：鞏廠機器由津浦路運輸，既較便捷省費，當可照辦。一面應通知張家寶經理意見至該廠須築段鐵路看道方能運出，耗時太久，可由本處函至商設法提早裝運，以免多擱時日。

16

土木組梁主任：本席對於運輸問題尚有意見（一）根本方面將來向外洋訂購機件最好在香港上岸經廣州而直達廠內（二）目前長江內運輸各種機件由京到漢後方運廠內則在大托鋪起卸（該站在長沙以南）因該站各方面均較長沙為妥

（討論）總務組徐主任：梁主任之意甚善，但係指將來而言，高購置員係解決目前困難問題，兩者可並行不背

主席：將來可照梁主任所提辦法辦理，惟由鐵路運輸車皮不敷，應設法補救

土木組梁主任：現因軍運繁忙，路局車皮不足分配，惟株廠材料

運輸極感需要故上次請購實屬不得已之辦法本席之意
祇須購買舊貨于不用新貨（向浙贛及粵漢路分購[illegible]輪）
（決定）主席之（一）運輸方極關重要請出席各位盡量發表意
見以資採行（二）可購車皮事應與鐵道部接洽先請粵
主任會同購置組妥商進行
（三）本處郵寄之圖表除十分緊急者外向用包裹寄出以節
郵資最近忽發生一事去年十二月寄往株洲之圖表一
批據株處電稱迄今尚未收到現除向原寄郵局切實
查詢外並與粵主任商一辦法以後凡[illegible]處或新聘同
人赴株以及本處所派運輸船等可托其將所需圖表

18

帶去，俾免遺失而資迅速（必要時則航空郵寄）

（決定）主席：可照辦

（四）主席：濟廠機器須設法速運，車船是否啣接，應請購置組注意

（答復）購置組高購置員：濟廠機件運浦後，如租貨棧存放，以時局關係，恐不甚穩妥，查該項機件無不為大件，倘駁船不能啣接時，擬運入城內放置，再為謀手續，慎重起見，似須派人赴濟接運

（決定）主席：提運濟廠機器仍派張家寶擔任，辦理是否需運至城內，屆時再斟酌辦理

丁、散會

主席　莊〇

紀錄　姚樹元　卜雋人

兵工署炮兵技术研究处第二十七次处务会议记录（一九三七年八月十日）

20

第二十七次處務會議錄

地點 本處會議室

時間 二十六年八月十日上午十時半

出席人員

處長莊 權

工務組主任樂泉馨

總務組主任徐 震

購置組主任張敏慎

土木組主任梁文翰

會計組主任張家傑

出納股股長李家軾
主席莊權
紀錄 姚榜元 卜隽人
開會 行禮如儀
紀錄員朗誦第二十六次處務會議錄
甲、報告事項
總務組徐主任：本周應報告之事項如左
關於本處方面可分四項報告(1)本處重要文件及圖表
等計分裝皮箱八隻木箱一隻於今日由葉股員叔豪
搭乘太古公司吳淞輪運往株處(2)運輸租船極為難

22

辦現由購置組高購置員在滬接洽進行中(3)上周處務會議中　處長提示關於本組派員與署方總務處聯絡事已派程股員書乾負責現程股員在請假期内暫由庶務股吳股長傑暨王君文楠二人負責辦理(4)追查寄株圖表事本月七日得江蘇郵政管理局復函謂已飭株江路郵局切實查詢俟有着落再行答復現擬一面電詢駐株办事處該項圖表日書是否到株。關於株廠方面者可分三項報告(1)鑿井事據株處八日電稱確獲充分之水源故現時停止探鑿此事頗可欣慰(2)燒磚事中南公司經理楊雲崑請求解除合約按諸事實本處當難應允且新亨事電需用磚料甚亟現決由株處派員赴中南窯地擇優吳收並合義順行所製之磚瓦新亨應用(3)61號庫房已呈復　兵工署請准瓦新亨趕築該號合同應速簽訂。

關於漢廠方面者可分三項報告(1)奉　兵工署代電略謂據漢陽兵工廠鄭廠長電稱時局嚴重漢砲廠因在兵工廠內關於防務須由受漢陽兵工廠指揮以一事權並須派員參加仰轉飭漢砲廠遵照等因本處已去電飭遵矣(2)八月二日署令據解繳修配漢造三七平射砲一門經檢驗不合格又十年式山砲一門亦不合格並令派員領回重收

24

修應令漢砲廠詳加研究所以不合格之原因（再行呈繳此子甚有関係）（丙）漢砲廠迭有函電到處謂以前向國係應多購材料及需用品如煤等以資準備現已電復該處派員來京面洽。

乙、指示事項

主席指示

（一）漢砲廠修配各砲如不合格自應重修以後修竣之砲解繳時除由兵工署派員驗收外本處應時加派人參加詳察究竟并飭漢砲廠知照

（二）61號合同何以遲延未訂請渠主任答復

渠主任土木但之因於建築方面各種問題亟待與建明商量解決

送以函電催該所派員來京接洽均未有詳確答復昨日又
去電力催想日內總可派人到京俾便着手簽訂合同
主席：各組工程呈請備案及各種應辦手續俟本月十二日
前完妥是否能如期竣事
土木組主任：圖說估計等均已辦妥惟合同以印刷所排印遲
緩須至十五日左右方能印好
主席：現在時局緊張各項工程手續辦妥後如何招商
投標亦應先事決定
土木組主任：在此時期內京滬兩地包商恐難覓須見報載
有「戰事工程服務團」參加營造廠商頗多似可利用

26

此外再在粤方设法招标
主席之可先调查该团内容及性质再为进行又广东方面厂
商是否经营造司登记一切投标条件及习惯是否与本处
适合均请钧主任注意
主席但钧主任之本席最近赴营造司接洽据闻在非常时期各
厂商可先行投标再补办登记手续正粤方厂商投标时所
开单价不将利益计算在内（利益另定）故单价与利益
判然为二连京沪各地厂商多连利益计算彼此相较核算
总价时即有出入此其习惯不同之点关于此事本席拟
亲往广东接洽办理

主席：漢口方面似可同時進行

土木組畢主任：漢口各廠商經驗及資本均不甚可靠恐難擔任本處工程

(三)主席：修正漢砲廠經費事請張主任報告

會計組張主任：漢砲廠經費之來源本處擬定為試造費修械費及維持費三項查該廠平時側重修械工作而此次工作非比額造月有定數奉 令飭修之件時多時少或有或無但廠內之人工消費以及一部份之維持物料等固定費用決不能隨修械之多寡有無而增減故該廠必須有一定之維持費用關於試造費可資助該廠經費之額數亦宜

事先確定方能計核維持費之定額至修械費即為該廠修械成品之發價其成品所缺之材料人工攤費成本實支之數如超過維持費數量之外當可由 署方照價核發

修正漢砲廠維費情形大概如上

主席之根據張主任報告該廠維費作三項分配并請將試造費立一確定數目此事恐有困難查該廠試造期間原定為六個月（至今年十月底止）但各種訂購機件迄今尚未運到工作多難依序進行時間上既有窒礙該項經費當亦不能預定確數現請購置組電催柏林商專處將訂購機件器從速裝運

購置組、張主任：現據該處來電約八月間可到惟僅有一部

主席：以後購辦機器等應催提前交貨請購置組注意毋拘於通常手續而延緩以砲廠設務在未確定前仍月發三萬元以資周轉並該廠添購材料可逕調查如有現貨儘量先購買

會計組、張主任：請欽維持費擬請規定數目

主席：可先作一大概數目請欽俟砲廠結束時計覈盈虧用實報實銷方法辦理之

（四）機器廠及砲廠添製機件如清單尚未送來應請購置組函催柏林商專處迅寄

30

（五）整理漢砲廠編制及撫卹書中發事均請總務組速辦

總務組徐主任、（一）關於整理該廠編制事務方面由本組經股員青乾負責办理工作分配俟與工務組商定進行（二）撫卹書中發事俟集齊各組意見後不日即可辦稿呈核

（六）本處人事整理問題現祇有總務購置兩組已分別辦妥其他各組亦應按照新編制從速調整俾可呈報又附向日益嚴重本處職員不日隨意請假請各組主任審慎核辦

（七）本處重要文件除裝箱運渝外其餘留存之件將來如何搬運亦應先事準備

總務組徐主任：將來運輸如差輪商輪及租借鐵駁等均有問題，擬在京擇地點較僻之處租房屋一所暫為遷移。上週在漢西門附近覓得一宅，但以密邇清涼山似又不妥。

主席：現有兩種辦法：(一)先覓一較小之房屋以防萬一；(二)文件裝箱及運輸等仍應着手準備，至遷湘事以後再加討論。

(八)本處訂購卡車何時可以來車，車皮與鐵道部接洽結果如何，均請張主任分別答復。

購置組張主任：(一)卡車約需時一個月，果主任之意擬運衡[illegible]此裝配；(二)接洽車皮照目前情形，鐵部本身尚不敷分配之

感恐難為本處設法（非陸由本處直接訂購）

工務組常主任：據聞粵漢路自徐家棚至長沙及株洲段[illegible]借車納可無問題

主席：可派張劍樵就近洽辦

丙、討論事項

（一）工務組常主任：關後所需定製之機件是否仍交廣方機廠代為辦理

（決定）主席：最好來漢定製

（二）會計組張主任：現在是否須匯款來株

（決定）主席：可按照手續辦理

丁、散會

主席 莊○

紀錄 姚榜元 卜隽人